T0110094

Printed in the United States
By Bookmasters

المرأة العربية

و

التغيير السياسي

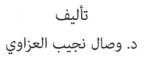

تأليف

د. وصال نجيب العزاوي

دار أسامة للنشر والتوزيع

الأردن - عمان

الناشر

دار أسامة للنشر و التوزيع

الأردن   -   عمان

● هاتف : 5658252 – 5658253
● فاكس : 5658254
● العنوان: العبدلي- مقابل البنك العربي
ص. ب : 141781

Email: darosama@orange.jo

www.darosama.net

الطبعة الأولى

2012م

رقم الإيداع لدى دائرة المكتبة الوطنية
(2011/9/3439)

305.4   العزاوي، وصال نجيب
المرأة العربية والتغيير السياسي/ وصال نجيب العزاوي- عمان: دار
أسامة للنشر والتوزيع، 2011.
( ) ص .
ر.أ: (2011/9/3439)
الواصفات: المرأة العربية//المرأة/

ISBN: 978-9957-22-396-0

الفهرس

المقدمة

يعد وضع المرأة ومكانتها في أي مجتمع من المؤشرات المهمة التي تدلل على مستوى تطور هذا المجتمع، فالمجتمعات المتحضرة والمتقدمة هي التي تفسح المجال أمام المرأة لأخذ دورها الكامل في بناء المجتمع، ولا يمكن لأي مجتمع أن يدعي أنه متقدم أو يسير على طريق التطور عندما يكون نصفه مهمشا ومعطلا، بغض النظر عن أسباب وعوامل هذا التطور، وتعتبر مشاركة المرأة في مختلف جوانب الحياة، الاجتماعية والاقتصادية والسياسية والثقافية والفكرية، حيوية لنمو المجتمع وحدوث التوازن فيه إذا ما أريد لهذا المجتمع أن يواكب متطلبات الحياة العصرية، واستحقاقات التطور البشري في القرن الحادي والعشرين.

تفترض المشاركة السياسية وتعني التعددية لتكوين ما يعرف بالسوق السياسية حيث تداول السلطة بحرية وان كانت نسبية بين مختلف اطراف النخب السياسية والاجتماعية، وهي لا تعني حتمية تغيير النظام السياسي او القيم السائدة في الدولة، انما تعني اعادة توزيع السلطة في مواقع النفوذ المعنوي والسيطرة الفعلية في المجتمع ..

كما ان المشاركة السياسية بمفهومها الواسع تعني حق المواطن بأداء دور مهم وفاعل في عملية صنع القرارات السياسية، وبمفهومها الضيق تعني حق المواطن في مراقبة تلك القرارات وقدرته في ضبطها وتقويمها بعد صدورها من قبل الحاكم وبالتالي فإن المشاركة السياسية تعد أهم عناصر الديمقراطية .

ويرى اخرون ان المشاركة السياسية هي (قدرة مختلف القوى والفئات في المجتمع على التأثير في القرارات والسياسات بشكل مباشر او غير مباشر من خلال العديد من القنوات والمؤسسات وتتضمن في حدها الاقصى قدرة المجتمع على صياغة شكل الدولة نفسها ,وتحديد طبيعة نظام الحكم وتشكيل الحكومة او اسقاطها والرقابة على تصرفاتها ويتمثل حدها الادنى في اشكال السخط الصامت وعدم التعاون المنظم).

ويعرف جوزيف ناي وسيدني فيربا المشاركة السياسية بأنها (تلك الانشطة القانونية التي يقوم بها المواطنون والتي تهدف بطريقة او بأخرى الى التأثير في اختيار الحكومة لموظفيها او للاعمال التي يقومون بها) والمعنى الاكثر شيوعا لمفهوم المشاركة السياسية هو (قدرة المواطنين على التعبير العلني والتأثير في اتخاذ القرارات سواء بشكل مباشر او عن طريق ممثلين يفعلون ذلك)

اما اكثر التعريفات ذيوعا في الوسط الاكاديمي الامريكي والتي أثارت على هامش الاهتمام بها نقاشات طويلة حولها فهو تعريف صمويل هنتنغتون للمشاركة السياسية على الرغم من انه لايختلف كثيرا عن التعريفات السابقة ويعرف هنتنغتون المشاركة بأنها (انشطة الافراد الهادفة الى التأثير في صنع القرار الحكومي وهي فردية او جماعية منظمة او عفوية موسمية او مستمرة سليمة او عنيفة فاعلة او غير فاعلة شرعية او غير شرعية)

وتختلف اشكال المشاركة السياسية بالنسبة الى الافراد وفقا للنسق السياسي الموجود في المجتمع وتتخذ اشكالها انطلاقا من نمط النظام السياسي وبناءا على الادوار التي يؤديها الافراد داخل المجتمع. ومن ثم تتعدد انماط المشاركة السياسية ومن اهمها: النشاط الانتخابي , واللوبي او ممارسة الضغط على النظام السياسي والنشاط التنظيمي (مؤسسات المجتمع المدني والاحزاب) والعنف والاتصال الفردي بالمسؤلين.

مفهوم الحركة النسوية :

وترتبط المشاركة السياسية للمرأة بتاريخ الحركة النسوية , ويقصد بالنسوية اصطلاحا (منظومة فكرية او حركية مدافعة عن مصالح النساء وداعية الى توسيع حقوقهن) وقد بدأت الحركة النسوية كحركة تهدف الى تحقيق قدر من العدالة الحقيقية داخل المجتمع بحيث تنال المرأة ما يطمح اليه اي انسان من تحقيق لذاته , بالحصول على مكافات عادلة (مادية او معنوية) مقابل مايقدم من عمل .

عموما هناك نوعين من الحركات النسوية , الاولى هي الحركة النسوية الغربية والثانية الحركة النسوية الاسلامية , ولكل منها تاريخها وخصائصها , فالحركة النسوية الغربية ظهرت في اواخر القرن التاسع عشر كحركة اجتماعية تطالب بالمساواة بين الرجال والنساء في ظروف العمل والاجور والتعلم , وكان مفهوم المساواة هو المفهوم المركزي في تلك المرحلة , وخرج هذا الجيل من رحم الفكر الليبرالي الغربي وبنيت استرتيجية النسوية الليبرالية على اساس ان المساواة يمكن تحقيقها من خلال العلاقات الاجتماعية والوسائل القانونية والمؤسسات السياسية والاقتصادية القائمة في المجتمع , اما الجيل الثاني للحركة النسوية الغربية بدأ مع ستينات القرن العشرين وكان متأثرا بالافكار الاشتراكية والحركات العمالية التي كانت في اوج ازدهارها انذاك ,وهذا الجيل فسر الاختلافات النوعية للجنسين على انها ناتجة عن التاريخ والتنشئة الاجتماعية وان الرجل والمراة نوع واحد وادخلوا المساواة الجنسية في مفهوم المساواة.

وفي الثمانينات مع تبني مؤسسات قومية وعالمية قضية المراة بدأ ظهور الجيل الثالث للحركة النسوية والمعروف (بجيل الجندر) وقد ظهر هذا الجيل متزامنا مع التغيرات التي اتسمت بها اجندة التيارات المختلفة داخل الحركة النسوية في الغرب واستراتيجياتها وقد حدث نوع من التطور المتصاعد في التسعينات , سعى الى ترسيخ ثلاث قضايا كأسس للنسوية هي: مناهضة العنف ضد العنف , ومشاركة المرأة في صناعة القرار السياسي , وتعزيز عمل المرأة.

عموما ان الفكر النسوي الغربي لم يعالج اشكاليات مفاهيم السياسة واغلب ماقدم حول هذه المسألة جاء اعتمادا علىى المفهوم التقليدي الذي يحصر الفعل السياسي في انشطة المجال العام , وبعبارة اخرى لم تقدم النظرية النسوية في اغلب مدارسها حتى الان رؤية متكاملة عن السياسة وكان نقدها للاطلر التقليدية يستنبطن التعريفات التقليدية نفسها عن الممارسة السياسية. ومنذ أوآخر العشرينيات حتى نهاية الستينات من القرن العشرين شهدت التجربة العربية بروز حركات نسائية أهلية منظمة لها مشاركتها في الجهود الرامية إلى تحقيق التطلعات القومية نحو الاستقلال. فقد ظهرت حركة نسوية نشطة في مصر منذ العشرينات حتى منتصف الخمسينات، وفي لبنان وسوريا والعراق منذ الثلاثينيات حتى الأربعينيات، وكذلك في السودان في الخمسينيات .

مجمل الموضوعات التي تناولها الخطاب النسوي (وإن لم يتحقق عدد منها حتى الآن في بعض الدول العربية) متمثلة في التعليم، العمل، الحقوق المرتبطة بالزواج، التصويت و الخروج من دائرة الفصل الجنسي ومنذ بداية عام 1950 بدأت الحكومات العربية في التعايش مع الحركات النسوية المستقلة. تلك هي الفترة التي حصلت فيها كثير من الدول العربية على الاستقلال واتخدت إجراءات طموحة لخلق هويات وطنية جديدة وتحديث الدولة .

أصبح مايعرف حاليا بتمكين المرأة جزءا لا يتجرأ من خطط الدولة. ولذلك تبنت دول كثيرة دساتير ومواثيق جديدة تشمل بشكل واضح النساء كمواطنين متساوين. واستفادت النساء بشكل كبير من الاستثمارات في مجال التعليم والصحة وخلق فرص العمل ومن حقوق أكبر منحت لهن في المجال السياسي .

شهدت تلك الفترة أيضا إجراءات محددة لتشجيع مشاركة النساء في الحياة العامة، مثل قوانين العمل التي سمحت للنساء بإجازات الوضع ومزايا رعاية الأطفال وحق الانتخاب وإنشاء الوزارات والهيئات التي ترعى شؤون المرأة .

لم تنضم كافة الدول العربية الى هذه الحركة ولم تشارك بنفس المستوى مما دعى بعض المحللين إلى ربط هذه التباينات بطبيعة الاقتصاد الوطني. فدول عربية مثل

تونس والمغرب والتي تميزت بالاقتصاديات كثيفة العمالة الموجهة نحو التصدير، كانت في حاجة للنساء في سوق العمل، لذا فقد تبنت سياسات تقدمية .

على الجانب الآخر، لم تجد الدول المصدرة للبترول بقطاعها العام العريض واقتصادياتها المعتمدة على كثافة رأس المال دوافع حقيقية لاستهداف التغيير الاجتماعي في دور المرأة .

كذلك كان للأزمات الاقتصادية وارتفاع معدلات الفقر وظهور الحركات المتشددة أثر على وضع المرأة في المنطقة العربية. فبدأت المرأة في بعض الدول بالحصول على حقوق كانت تعتبر غير قانونية أو غير مفعلة في السابق، بينما لا تزال هناك نساء تحاول كسب التأييد من أجل تعديل و/أو إلغاء وصياغة وتفعيل تلك السياسيات والقوانين التي تسهل عملية الحصول على حقوقهن. ومع أن المرأة العربية عملت طويلا لتحقيق هدفها ورغبتها في الشراكة الكاملة في العملية التنموية في مجتمعها، إلا أنهالاتزال تواجه مختلف أنواع المعوقات، ومن ضمنها المحددات الاجتماعية السلبية التي أعاقت مشاركتها كعامل نشط في عملية التغيير، والمصادر الاقتصادية المحدودة، وندرة التخطيط الاستراتيجي للمشاركة النسائية بشكل عام، بالإضافة إلى الموروث الثقافي الذي يبقي معظم النساء بعيدات عن الساحة العامة ويوجه طاقاتهن نحو الأدوار التقليدية .

** Middle East Partnership Initiative

منذ 11 سبتمبر والعالم العربي بالتحديد يتعرض للكثير من الضغط والنقد من قبل الولايات المتحدة والاتحاد الأوروبي على الاوضاع السياسية والاجتماعية في هذه الدول التي أعتبرت مسئولة بشكل كبير عن تشكيل عقلية القائمين بهجمات 11 سبتمبر .

برنامج مبادرة الشراكة مع الشرق الأوسط الذي تم تطويره بهدف التنسيق لتحويل العالم العربي في العام 2002 يربط ما بين الإصلاح الاجتماعي والإصلاح السياسي ويضع حقوق المرأة على قائمة أولوياته. وعليه يكاد لايخلو تصريح أي مسئول أمريكي عن الإصلاح في الشرق الأوسط دون ذكر وضع المرأة في هذه المجتمعات .

الاهتمام الغربي بقضية الحقوق السياسية والاقتصادية والاجتماعية للمرأة في الدول العربية
تلقى دعما كبيرا من تقرير الأمم المتحدة الأول عن التنمية البشرية في العالم العربي "Arab Human
Development Report 2002" الذي يضع المنطقة العربية في مكانة متأخرة عن بقية العالم بسبب
النقص الشديد في الحريات، سياسات تمكين المرأة والمعرفة .

يطرح التقرير الأول للأمم المتحدة عن التنمية البشرية في الدول العربية وجهة النظر القائمة
على أن النقص في تمكين المرأة ليس ببساطة مشكلة مساواة أو عدالة في المجتمعات العربية وأنما هذا
النقص هو سبب أساسي لتأخرهذه المجتمعات .

يستخلص التقرير بأن أستثمار قدرات النساء في المجتمعات العربية من خلال مشاركتهن
السياسية والاقتصادية تظل الأدنى أحصائيا في العالم. ويدلل على ذلك عدد النساء القليل المشارك في
البرلمانات السياسية، الحكومات وسوق العمل وفي الاتجاه نحو" تأنيث البطاله "

خلال السنوات العشر الماضية كما يشير تقرير (بكين + 10) تبنت الدول العربية تصورات
جديدة في التخطيط التنموي للمرأة. فقد قامت بتوقيع وإقرار عدد من المؤتمرات العالمية الهامة
والإعلانات ومناهج العمل التي أوجدت معيارا جديدا للأهداف التنموية وتبنت استراتيجيات تنموية
وحددت أطرا زمنية لتحقيقها .

وقد قام صانعو السياسة العرب بصياغة وتبني استراتيجيات تنموية تدعو المجتمع المدني
للانضمام إلى الحكومات في تحمل مسؤولية تطبيق المبادرات التنموية الإقليمية والوطنية والمحلية. كما
أن الإجماع الدولي على الحاجة لتحقيق التكافؤ في النوع الاجتماعي وتمكين المرأة كان متفقا عليه من
قبل معظم الدول العربية من خلال تبني اتفاقية القضاء على جميع أشكال التمييز ضد المرأة (سيداو)،
وخطة عمل القاهرة وإعلان بيجين ومنهاج عمل بيجين وإعلان الألفية والأهداف التنموية للألفية
وغيرها .

أولا - المشاركة السياسية للمرأة في الاسلام :

لقد اهتم الاسلام بالانثى إمرأة وبنتا وزوجة واختا وأما اهتماما كبيرا، وليس ادل على ذلك من ورود لفظ الأم في القرآن الكريم (23 مرة) ولفظ الزوجة (16 مرة) ولفظ النساء (37 مرة) ولفظ الانثى (18مرة) ولفظ الأخت (11 مرة) ولفظ الابنة / البنت (اكثر من 20 مرة) .

بالاضافة الى ورود هذه الالفاظ بكثرة في القرآن الكريم فقد جاءت آيات كثيرة، بل سور تتحدث عن واقع المرأة وظروفها او كيفية التعامل معها. ومن هذه السور: سورة النساء التي أشتملت على (176) آية ، وسورة الطلاق التي اشتملت على عدة آيات ايضا . كما تعرض القرآن الكريم للمرأة في ثنايا السور في كثير من الآيات، ومنها سورة البقرة والمائدة والنور والاحزاب والمجادلة والتحريم (1) وابرز ظاهرتين جاء الاسلام ليحاربهما ويقضي عليهما فيما يتعلق بالنساء هما كراهية البنات ووأدهن ..

ولم يكتف الاسلام بالنهي عما كان يسوء الانثى بل توجه الى الترغيب في حسن معاملتهن والاعتناء بهن وحب المرأة في الاسلام قول الرسول صلى الـله عليه وسلم " أستوصوا بالنساء خيرا فإنهن عندكم عوان) ولم ينسى الرسول صلى الـله عليه وسلم المرأة وهو في أحلك ظروفه، فقد أوصى بهن وهو على فراش الموت وقال مخاطبا المسلمين :

الصلاة الصلاة، وما ملكت ايمانكم لا تكلفوهم ما لا يطيقون الـله الـله في النساء، فإنهن عوان في ايديكم ومع ان القرآن الكريم قد خص الرجال بالقوامة دون النساء بقوله تعالى " الرجال قوامون على النساء وبما فضل الـله بعضهم على بعض وبما أنفقوا من اموالهم) إلا ان هذه القوامة لا تعني بحال من الاحوال الانتقاص من حقوق المرأة ومكانتها. وقد برر العقاد هذه القوامة بقوله: فحق القوامة مستمد من التفوق الطبيعي في استعداد الرجل، ومستمد كذلك من نهوض الرجل بأعباء المجتمع وتكاليف الحياة، فهو أقدر من المرأة على كفاح الحياة ولو كانت مثله في القدرة العقلية والجسدية لأنها تنصرف عن هذا الكفاح قسرا في فترات الحمل

والرضاعة .وهو الكفيل بتدبير معاشها وتوفير الوقت لها في المنزل لتربية الاولاد، وتيسير أسباب الراحة والطمأنينة البيتية .

لقد كفل الاسلام للمرأة كافة حقوقها المدنية والشخصية، فلها حق حيازة الاموال والتصرف في البيع والشراء والوصية والهبة وغير ذلك. كما اكد الاسلام على الحرية الشخصية للمرأة وأهمها حريتها في اختيار زوجها، وكذلك حق الاجارة فقد أجاز الرسول صلى الله عليه وسلم إجارة ام هاني بنت ابي طالب يوم فتح مكة وقال (قد أجرنا من أجارت ام هاني وأمّنا من أمنت، فلا نقيلهما).وغيرها من الامتيازات التي جاء بها الاسلام للمرأة. واذا كان الدين مرتبطا ارتباطا وثيقا بالسياسة، فإن المرأة المسلمة في هذه الفترة المبكرة من التاريخ الاسلامي قد نشطت في المجال السياسي في بث الدعوة الاسلامية ونشرها .. وتحملن من اجله ما تحمله بعض الرجال وكما هاجر بعض الرجال الى الحبشة فقد هاجرت النساء كذلك وبلغ عدد اللواتي هاجرن الى الحبشة تسع عشرة امرأة ...

وإذا كانت البيعة في الاسلام من أخص امور السياسة فقد شاركت فيها النساء منذ ليلة العقبة ولما هاجر الرسول صلى الله عليه وسلم الى المدينة جاءت نساء الانصار (21) امرأة ونساء المهاجرات (16) ودخلن على الرسول صلى الله عليه وسلم وقلن له: يا رسول الله ان رجالنا قد بايعوك، وأننا نحب ان نبايعك. فجاء بقدح من ماء فأدخل يده الكريمة فيه ثم اعطاهن امرأة امرأة فكانت هذه بيعتهن) .

هكذا كانت المرأة في زمن الرسول صلى الله عليه وسلم وحتى في عهد الخلفاء الراشدين .. وفي عهود الدولة الاسلامية / الاموية -العباسية / والدول الاسلامية الاخرى / الفاطمية - الايوبية .وحتى دورها في الاندلس ...

فقد كانت صور المشاركة السياسية للمرأة بين مد وجزر، تقوى في بعض الاحيان وتختفي أحيانا كثيرة وهي بمشاركتها كانت كالرجل في حسن الادارة او سوئها:

فقد اثبتت بعض النسوة جدارة فائقة في المشاركة في ادارة الدولة وكان رأيهن هو الاصوب في غالب الاحيان مما جعلها من اركان الدولة الذين لا يستغنى

عنهم .. ولم يقتصر دور المرأة على المشاركة السياسية فقط بل تقدمها الى الاعمال الخيرية فكان ان خلدن اعمالهن على مدى التاريخ، ولم تكن هذه الاعمال ناتجة الا من وعي بالمسؤولية وحسن في الرأي واهتمام بقضايا الناس..

وفي ظل التطورات الاجتماعية والسياسية عبر العصور التاريخية الطويلة، وقلة تدوين المعلومات المتعلقة بالمرأة أثارت مسألة مشاركة المرأة في الحكم جدلا واسعا لدى الفقهاء والمؤرخين على حد سواء ما بين مؤيد ومعارض، ولم تحسم هذه المسألة بعد من وجهة النظر الفقهية ..

وبالمقابل فإن الفكر العربي الاسلامي المعاصر لا زال يعاني بصورة عامة من صعوبات في التقدم بقضية المرأة على مستوى الفكر والواقع نتيجته هواجس منشؤها الواقع الاجتماعي والاخلاقي الذي يحيط بالمرأة في العالم الاسلامي والعربي ...لكن موضوع مشاركة المرأة في الحياة السياسية اصبح حديث الساعة وكثر الخلاف حوله وتشعبت الآراء فيه بين مؤيد ومعارض فذهب الفريق الاول وهو من أصحاب الاختصاصات خارج نطاق التشريع الاسلامي إلى تأييد ممارسة المرأة كافة الحقوق السياسية وبعضهم استثنى حق المرأة في رئاسة الجمهورية .

وكان الفريق الثاني الذي هو فريق علماء الفقه الاسلامي وعلوم الشريعة قد انتهج رأي جمهور الفقهاء القدامى فيما يجوزه الشرع للمرأة من ممارسة الولاية الخاصة ومنعها عن الاشتغال بمناصب الولاية العامة .

وطالب فريق ثالث بالحقوق السياسية للمرأة مستندا على مبدأ حرية الفرد قائلا: إن استثناء النساء من الحق السياسي ضرب من الاستبداد ولا سيما إن الكثيرات منهن يساوين الرجال في قواهن العقلية وفي مقاماتهن الاجتماعية .

وهناك الفريق الرابع الذي يعارض حقوق المرأة السياسية مستدلا ببعض الروايات مثل (لا يفلح قوم وليتهم امرأة) و(المرأة ناقصة العقل) و (شاوروهن وخالفوهن) و...

فهل يا ترى أن هذه الروايات تكون دليلا على حرمان المرأة دورها في الحياة السياسية والاسلام أمر بإعطائها حقوقها الانسانية كاملة من غير بخس في أي

جانب منه ؟ إضافة الى أن هذه الاحاديث خضعت لقراءة خارج البيئة التأريخية التي انطلقت منها دون الالتفات الى المناسبة التي ذكرت فيها ولمن قيلت ؟ وما اسباب قولها ؟ ثم هل تمثل حكما عاما ؟ كما أنه لم يثبت ورود نص قرآني أو سنة نبوية أو إجماع صحيح صريح ولا حتى قياس معتبر في تحريم الحقوق السياسية على المرأة وبخاصة حق الانتخاب والترشيح .

والمستعرض لأوضاع المرأة في البلدان العربية والاسلامية في الوقت الحاضر يرى اسباب غياب مشاركة المرأة الفعلية في الحياة السياسية راجع إلى عوامل كثيرة أهمها: الغياب الطويل للحياة الديمقراطية، والتي من خلالها يزداد الوعي السياسي النسوي الذي بدوره يسلط الضوء على قضايا النساء المصيرية وعلى متطلبات الواقع المعاصر وبالتالي تفهم لوضع المرأة نفسها .

فالمشاركة في أنواع النشاطات السياسية تؤدي إلى ظهور المرأة التي تمتلك أفقا سياسيا وفكريا واضحا وبالتالي يرفد المجتمع بالكفاءات القادرة على الدفاع عن قضاياه المختلفة :

يبقى أن قضايا المرأة بصورة عامة لا تتجزأ ولا تنفك عن المشكلة الثقافية العميقة الجذور وكذلك مستوى التطور الاجتماعي العام. فالمجتمع يفرض نظرته على المرأة وهذه النظرة هي تعبير عن ذهنيته الثقافية ونظام تفكيره وانعكاس للحالة العامة للمجتمع وهي الحالة التي لا تختلف على ما أصابها من تخلف وتراجع وإنها لا تمثل حقيقة وأصالة النظرة الاسلامية ولا يمكن القياس عليها. فليس في الاسلام ما يقطع بمنع المرأة من حقها السياسي والمسؤولية جماعية والولاية مشتركة تقوم بأعبائها مجموعة من المؤسسات والأجهزة والمرأة إنما تحمل جزءا منها .

وخلاصة القول: إن الدور الخاص الذي ينطلق من خصوصية الانسان في بعض جوانب حياته لا يلغي دوره العام. والمرأة تتحرك في المجتمع في دورها العام من خلال معطياتها الانسانية أما الأنوثة فهي مرتبطة بدورها الخاص. والحاجة الاجتماعية والسياسية قد تكون أهم وأكبر من الحاجة الفردية التي تجيز للمرأة الخروج الى الحياة العامة باعتبارها – أن مشكلة الحقوق السياسية للمرأة ليست

دينية أو فقهية أو قانونية – إنما هي مشكلة سياسية إذ ليس هناك حكم من الاحكام الشرعية يحرم منح المرأة تلك الحقوق .

ومع منتصف القرن العشرين وبظهور حركات التحرر الوطني في الدول المستعمرة بدأت الكتابات الاسلامية حول المرأة تهتم بمسألة المشاركة في العمل العام والعمل السياسي كجزء منه مستعينة بأمثلة عن حقوق المرأة ودورها في الاسلام ... ومع موجة الاهتمام العالمي بقضية المراة في العقدين الاخيرين ظهرت معالجات اسلامية للقضية تعتز باسلامهاوثقافتها وتراها قادرة على تقديم معالجة اصيلة لقضايا المرأة. وقد حاولت تلك المعالجات تجاوز وضعية رد الفعل التي سيطرت على التوجهات الاسلامية نتيجة لتبني مثقفين مسلمين وانظمة للرؤى الغربية حول دمج المراة في العمل العام.

وظهرت اسهامات مهمة في العالم الاسلامي فيما يتعلق بدراسة وضع المراة المسلمة , واجتهدت تلك الاسهامات في قراءة تاريخ البلدان الاسلامية من زاويةوضع المراة ضمن سياق تطورات عملية التحديث وانتكاساتها وتوصلت دراسات عدة الى استنتاج اساسي مفاده ان الدول الوطنية التي تشكلت بعد الاستقلال كانت تحمل في رحمها بذور فشل مشروعات تحقيق المساواة للمراة لانها دول شكلها المستعمر وفق نمط حياته او انها حاولت تقليد تجربة الغرب او استنساخها.

وقد تحركت الحركة النسوية الاسلامية بناء على هذا التشخيص على مسارين اولهما حركي عبر انخراط نساء في التيارات والمؤسسات الاسلامية الصاعدة وتحولهن بعد مدة الى مروجات للافكار (الاسلامية) حول المراة كل منهن حسب فهمها لها والاتجاه الثاني فكري عني بوضع اطروحات بديلة للوثائق العالمية (كوضع وثيقة بديلة لوثيقة مؤتمر بكين من قبل اتحادات المنظمات الاسلامية التابع للجنة العالمية للمراة والطفل)

اضافة لذلك عني الاتجاه الفكري بالتنظير لمكانة المراة في المجتمع الاسلامي من خلال مسارين اساسيين: الاول ان جماعات قد انبرت للدفاع عن الاسلام عبر بوابة المراة وذلك بإعادة انتاج الاراء الفقهية والفتاوى غير المتشددة التي

يمكن تطبيقها في المجتمعات المعاصرة , وسار آخرون وفي الطريق نفسه نحو الاجتهاد الفقهي الجزئي , اي في بعض المسائل او في بعض المناطق للخروج بأحكام اخف واسهل اما لكون الاجتهاد موجها الى حالة خاصة (كفقه الاقليات وفقه الضرورة) واما لحل قضايا باتت معقدة وشائكة وتصطدم آليا بالفتاوى والاجتهادات السلفية القديمة , مثل مشاركة المراة في العمل السياسي وتوليها الوظائف العامة , وتندرج في هذا السياق اراء رموز اسلامية مثل: العلامة يوسف القرضاوي والدكتور طه جابر العلواني والشيخ الراحل محمد الغزالي والعلامة الراحل محمد مهدي شمس الدين والعلامة الراحل محمد حسين فضل اللـه .

اما الاتجاه الثاني فتمثله الجهود التي رمت الى تأسيس جديد لثقافة اسلامية عن المراة تنطلق من اعادة التراث الاسلامي ... وذهب فصيل ثان ضمن الاتجاه ذاته الى ابعد من ذلك فنادى باعادة تأسيس فقه اسلامي جديد يشمل الاتجاه فيه اصول الفقه لافروعه فقط انطلاقا من ان الاجتهاد الفرعي مبتسر مادام يستند الى القواعد القديمة نفسها في الاجتهاد (نموذج حسن الترابي وجمال البنا).

الا ان ثمة ملاحظة ضرورية في هذا السياق هي ان هذه الجهود وان انطلقت من رفض المشروع الغربي لتحديث المراة (كليا لدى البعض وجزئيا لدى اخرين) وعلى الرغم انها تطرح باعتبارها "رؤى بديلة " فهي رؤى تعنى فقط بالمراة المسلمة دون غيرها , رغم صلاحية القيم المتضمنة في هذه الرؤى للتعميم , وكذلك لم تهدف الرؤى الاسلامية على اختلافها الى تقديم طرح كامل (للحقوق السياسية والاجتماعية والاقتصادية) يكون بديلا كاملا لنظيره الغربي ويصلح للتطبيق في مناطق اخرى غير العالم الاسلامي وعلى نساء غير مسلمات .

ثانيا- المرأة العربية ومتطلبات المشاركة السياسية الفعالة:

منذ عام 1975 الذي عقد فيه اول مؤتمر نسائي عالمي في المكسيك بدعوة من الامم المتحدة واتخذ شعار (مساواة - تنمية- سلام) أتخذ تحرك المرأة نحو تثبيت مواقفها وتأكيد دورها الانساني الفاعل شكلا متناميا، واتسعت رقعة نشاطها مكانيا وموضوعيا، واستطاعت من خلال مؤتمرات القمة النسائية اللاحقة في كوبنهاجن 1980 ونيروبي 1985 وبكين 1995 ان تحرز الكثير من الانجازات على صعيد تثبيت حقوقها السياسية والاجتماعية والتربوية والثقافية .. ولكن ما تحقق من خلال مؤتمرات القمة النسائية العالمية وعقد المرأة العالمي لم ينعكس على المرأة بشكل متكافىء في كل دول العالم ولم تستطع دول الجنوب الخروج من شرنقة الدور التقليدي للمرأة الذي كرسه التخلف، في الميادين كافة صحيا وتربويا وثقافيا ووظيفيا وعمليا ..

ان دراسة ومناقشة عمل المرأة السياسي لا يمكن ان يتم من فراغ بل يتطلب معرفة طبيعة هذه المشاركة، واشكال تطورها المختلفة، وخاصة ما يرتبط منها بالمنطلقات الفكرية لما تخوضه المرأة من نشاط داخل المجتمع .

ان المشاركة السياسية هي مبدأ اساسي يرتبط بعملية التأثير في اتخاذ القرار السياسي وهي احدى صور ممارسة الحقوق والواجبات السياسية للمواطنين وان تناول المشاركة السياسية للمرأة ومدى مساهمتها في أثراء وتنوع حركية الحياة السياسية اعتمادا على الاضافات التي يمكن للمرأة ان تقدمها على مستوى ثقافتها وسلوكها السياسي ..

ولذا فإن المشاركة السياسية للمرأة ترتبط بشكل خاص بمفهوم المواطنة وبمبدأ المساواة .. ولذا فإن من أولى مقدمات مشاركة المرأة الاقرار بأنها تتمتع بالمواطنة التامة بكل مظاهرها وبالمساواة التامة امام القانون بدون أي تمييز والشأن السياسي كما هو معلوم شأن عام لا يمكن للفرد ان يكون مؤثرا او مشاركا او

فاعلا فيه ما لم يعترف بدوره في الحياة العامة وبحقه في ممارسة هذا الدور دون قيود ذات طابع تميزي...

وعلى الرغم من ان المرأة تشكل نصف المجتمع، كما يحلو لنا دائما ان نردد، الا انها في الواقع تمثل أقلية سياسية بالمفهوم الذي أوردة أحد الكتاب العرب (حسني عايش) حين قال (الأقلية في المجتمع هي فئة من الناس فيه - ليست بالضرورة الاقل عددا - يجري فرزها او عزلها من النشاط العام للمجتمع او قطاع من قطاعاته او نشاط من نشاطاته يعامل معاملة دونية او غير متساوية مع فئة او فئات اخرى، ان ذلك يعني وجود فئة او فئات اخرى تستأثر بالسلطة والامتيازات الاجتماعية وفرص الصعود والارتقاء) .

وفي ضوء ذلك سنناقش معطيات هذا الواقع من خلال استعراض تجارب بعض الدول العربية وبيان مدى تحقق ذلك النمط من المشاركة السياسية الفعلية للمرأة العربية ؟

المرأة والمشاركة السياسية في البلدان العربية :

ترجع أهمية تناول موضوع المشاركة السياسية إلى الآتي :

1 - التنمية في تعريفها هي كشف عن الإمكانات المدخرة في المجتمع، وباعتبار أن المرأة هي نصف المجتمع، فإن الاهتمام بمشاركتها في الحياة السياسية وفي المجالات الأخرى، هو كشف عن إمكان مدخر يضاعف من حجم القدرات لدى المجتمع، ويدفع بالتالي بمعدلات نموه إلى مستويات أعلى .

2 - ان مشاركة المرأة في الحياة السياسية سوف يرسخ لديها مضمون المواطنة الذي يعني- ضمن ما يعنيه- أن تمنح ولاءها لفكرة الدولة فقط، وهذا بدوره يقود إلى دعم الاستقرار السياسي والاجتماعي للدولة .

3-ان المشاركة السياسية للمرأة سوف تساعد على منحها حصانة ثقافية وفكرية تحول دون اختراقها بتوجيهات من الخارج تستهدف زعزعة ثوابتها الدينية ومن ثم الثوابت الدينية لأفراد أسرتها .

4 - توسيع قاعدة التمثيل في الهيئات البرلمانية، الأمر الذي يزيد من قوة وعمق تمثيلها للمجتمع، مما يعمق مفاهيم الانتماء الوطني والاعتزاز القومي، وينمي قوى العطاء وفعالية الإنتاج، ويعزز مكانتها في المجتمع وتطوير مهاراتها في تربية أجيال فاعلة وواعية، بالإضافة إلى تعزيز وتوظيف طاقات الأمة جميعها في سبيل تحقيق التنمية الشاملة .

ورغم إقرار الدساتير والقوانين في الدول العربية مبدأ المساواة بين جميع المواطنين في الحقوق والواجبات دون التمييز للون أو جنس أو دين، وهو الأمر الذي منح المرأة في الكثير من الدول العربية حقوقا اجتماعية واقتصادية متكافئة مع الرجل، إلا أنها لم تحصل سياسيا على تمثيل تعكس من خلاله ثقلها النسبي في التعداد السكاني؛ فهي غير ممثلة بما يكفي في المناصب العليا.. كما أن حضورها البرلماني يبدو منخفضا للغاية، فوفقا لواقع المجالس البرلمانية الحالية فإن نسبة تمثيلها في البرلمان تتأرجح عند حد أقصى وهو 15% في البحرين، وحد أدنى وهو 2.3% في لبنان وما بين الحدين تعادل النسبة 12% في سوريا، و11.5% في تونس،و11% في اليمن، و10.8% في المغرب، و9.7 %في السودان، و6.2% في الجزائر، و5.6% في فلسطين، و5.5% في الأردن، و3.7% في موريتانيا، و2.4% في مصر، و2.4% في سلطنة عمان، في الوقت الذي لم تحصل على حق الانتخاب والترشح في دول عربية أخرى مثل السعودية والإمارات والكويت .

وهناك عوامل تحد من مشاركة المرأة العربية السياسية، ويمكن بيان أسباب تدني المشاركة السياسية للمرأة العربية في التالي :

- العادات والتقاليد التي مازالت تؤثر في بعض فئات المجتمعات العربية وخاصة الشباب الذين مازالوا يرفضون عمل المرأة في المجال السياسي، إضافة إلى عدم وجود الدعم الأسري أو التشجيع من قبل الرجل للمرأة على الدخول في الحياة السياسية، مما يحد من تحقيق المساواة بين الرجل والمرأة، ويجعل الفرص السياسية للمرأة محدودة .

- صعوبة الظروف السياسية والاجتماعية التي أحاطت بالعالم العربي، حيث ساهمت الأوضاع السياسية والاقتصادية الوطنية في إقصاء قضايا المرأة في السنوات الماضية - .مساهمة الإعلام السلبية في رسم صورة نمطية للمرأة .

- عدم قيام النخبة بدورها في التوعية بقضايا المرأة، وبأهمية دورها في المشاركة السياسية، فضلا عن أن هذه النخبة لم تبد اهتماما بتثقيف الرجل ليكون سندا للمرأة في مجال العمل السياسي .

- الفجوة بين النص القانوني والتطبيق في التشريعات المتعلقة بالمرأة .

- غياب الآليات والبرامج الواضحة لمشاركة المرأة السياسية، حيث لم تهتم التنظيمات النسائية ومنظمات المجتمع المدني بشكل عام، في غمرة انشغالها، بوضع المطالبة بتحسين الوضعية السياسية للمرأة على لائحة أولوياتها .

- تدني مشاركة المرأة في الأحزاب، واستغلال بعض الأحزاب السياسية للدين والتقاليد والأعراف كعامل لتضليل الرأي العام والمجتمع، لحجب الحقيقة عنه، فضلا عن نقص التنسيق بين مختلف مستويات وجود المرأة في الهيئات الرسمية والأحزاب والتنظيمات الأهلية .

- ضعف الوعي السياسي والقانوني للمرأة، مما غيب عنها إدراكها قوتها التصويتية وقدرتها على المساهمة الفعالة في توجيه الحياة العامة، كما أن عدم ثقتها بنفسها ينعكس على عدم ثقتها بالعناصر النسائية اللاتي يتقدمن للترشح في الانتخابات العامة، وهكذا ينتهي الأمر بها إلى مجرد تابع للرجل تختار ما يحدده لها لتعطي له صوتها .

- غياب المبادرة النسائية للمشاركة السياسية لتخوفها من ممارسة مهام متصلة بالسلطات لعدم معرفتها بآليات هذه السلطات .

- عدم مقدرة المرأة على مواجهة المتطلبات المالية لخوض الانتخابات .

- ضعف مشاركة المرأة في السلطات التشريعية والقضائية والتنفيذية في الدولة .

بالرغم من بعض النجاحات التي تحققت في عدد من البلدان العربية فيما يتعلق بمشاركة المرأة ومنحها الحقوق السياسية والمدنية، إلا انه ما زالت تلك المشاركة تتسم بالتغييب أو الضعف، حيث بقي تمثيل النساء متدنيا في البرلمانات العربية مقارنة بمناطق اخرى من العالم ((انظر الجدول 1))، إذ تأتي البلدان العربية في المرتبة الأخيرة بين بلدان العالم من ناحية مشاركة المرأة في البرلمان، وحيث يدين المجتمع العربي بأغلبيته بالاسلام إلا إن النظم السياسية العربية على اختلاف أشكالها لم تعط المرأة حقوقها التي تستمدها من الدين الحنيف الذي يعطي مشروعية مشاركة المرأة في مجلس الشورى فهي والرجل على حد سواء في هذه العضوية، فضلا عن مشاركتها كناخبة ومنتخبة، ويبدو أن كثيرا من الأطر القانونية والدستورية قد وضعت في العديد من البلدان العربية للحؤول دون مشاركة المرأة سياسيا واجتماعيا واقتصاديا وتعليميا والتي تجعل من نصف المجتمع مواطنا من الدرجة الثالثة، حيث إن عدد من البلدان العربية لا يسمح للمرأة بالانتخابات ولا بالترشيح للانتخابات أي انه يحرمها من حقوقها السياسية كالسعودية وبعض بلدان الخليج العربي، ويلاحظ أن قيادات الأحزاب العربية بمختلف اتجاهاتها تخلو غالبا من وجود نساء قياديات، كما أن الموقف الاجتماعي هو الاكثر ضيقا بحقوق المرأة من القوانين وآرار الفقهاء، وقد جاء هذا الموقف من تراكم قرون خلت بسبب آراء المتشددين واصبح ذلك الموقف مع الزمن منظومة من القيم والأخلاق والتقاليد وبالتالي جر المجتمع الى موقف متطرف من المرأة، الامر الذي لم يتجاوزه المجتمع في البلدان العربية حتى الآن، كما انه حتى الاحزاب ذات الطابع التقدمي في البلدان العربية لم تحقق إنجازات مهمة في مجال تضييق التفاوت وتحقيق المساواة، وفي دراسة قامت بها الامم المتحدة وطبقتها على (104) دولة من دول العالم تتعلق (بمساواة المرأة بالرجل) كان ترتيب بعض البلدان العربية متأخرا قياسا بباقي البلدان قيد الدراسة ((انظر جدول 2)).

والملاحظ أن قضية المشاركة السياسية للمرأة لا تعدو أن تكون إلا جزءا من الاوضاع العامة التي تسود البلدان العربية، حيث تبدو المفارقة شاسعة بين الدور

الذي تلعبه المرأة العربية في مختلف مجالات الحياة وبين حجم الاعتراف بذلك الدور، فالفرق كبير بين موقع المرأة في التعليم والثقافة، وبين موقعها السياسي، أي هناك فرقا بين وضعها المعرفي من جهة و وضعهاالقانوني والاجتماعي من جهة اخرى، ومن ثم بين الموقف المعلن والذي يتسم بكثير من المجاملة والتعبير عن الأيمان بالحق المتساوي، وبين الواقع الفعلي المعاش، والذي يعتبرها في كثير من الاحيان ذات مهمات ومسؤوليات خدمية لا تقترب أهليتها من الرجل مهما حصلت من شهادات ومهما أثبتت من كفاءات وقدرات، ومع حصول تطورات مهمة في عملية بناء منظمات المجتمع المدني النسوية، إلا انه يبدو أن الضعف ما زال يعتري الكثير منها.

وخلاصة القول انه عندما تناقش قضية المشاركة السياسية للمرأة في البلدان العربية، فليس من الانصاف مقارنتها بما حققته المرأة في المجتمعات الاوربية او الامريكية، بل يجب الاخذ بنظر الاعتبار فارق التطور بكافة اشكاله، وكذلك الخصوصية الحضارية والثقافية التي تشكل شخصية المرأة في البلدان العربية، وأمام هذا الواقع فأن مسألة مساواة المرأة بالرجل ومشاركتها السياسية تتم إلا إذا قام مجتمع ديمقراطي مدني تتعدد فيه المؤسسات المدنية والتي تأخذ دور يؤمن بحق التعبير والحوار والديمقراطية مما يسهم بخلق وعي جديد بقضية المرأة وبالقضايا الاخرى التي تسهم بتطور المجتمع الذي يقبل بالتعددية الفكرية والسياسية وبالرأي والرأي الآخر ويعيد توازن المصالح بين شرائحه وصولا لمساواة كاملة في مختلف مجالات الحياة .

جدول ((1))

مشاركة المرأة في البرلمان في البلدان العربية ومناطق اخرى من العالم (نسبة مئوية)

المنطقة	النسبة
البلدان العربية	3،5
شرق آسيا (ما عدا الصين)	4،2
افريقيا جنوب الصحراء	8،4
جنوب شرق آسيا ومنطقة المحيط الهادي	12،7
بلدان امريكا اللاتينية ومنطقة الكاريبي	12،9
شرق آسيا مع الصين	21،2

المصدر: برنامج الامم المتحدة الإنمائي، تقرير التنمية البشرية لعام 2000 (نيويورك: الامم المتحدة)

جدول (2)

ترتيب بعض البلدان العربية بين (104)من بلدان العالم في دراسة الامم المتحدة المتعلقة بمساواة الرجل بالمرأة

الدولة	الترتيب
تونس	49
الجزائر	59
مصر	62
المغرب	70
السودان	85

المصدر: حسين العودات، المرأة العربية على ابواب الألفية الثالثة (الواقع والتحديات)، مجلة النهج (دمشق الأبحاث والدراسات الاشتراكية في العالم العربي، العدد 19، صيف 1999) ص100.

المرأة العربية ودورها في ادارة الحكم الجيد :

1-ان «إدارة الحكم الجيد» مرتكز هام للديمقراطية، والمشاركة السياسية، وواحد من أهم مقومات الحكم -حسب برنامج الألفية الصادر عن الأمم المتحدة- لذا فمن الضرورة مشاركة المرأة في اتخاذ القرارات العامة وتمكينها من تولي مناصب الدولة المختلفة عبر هياكلها السياسية والاقتصادية والاجتماعية .

2- ان المشكلة المتعلقة بدور المرأة في الحكم الجيد لها وجهان مرتبطان ببعضهما: الوجه الأول: هو الإطار الدستوري والقانوني الذي يمثل شرعية دور المرأة في المجتمع، والوجه الثاني: هو المناخ السياسي والبعدان الثقافي والاجتماعي .

3- لا يمكن فصل قضية المرأة وإدارة الحكم الجيد عن المشكلات المختلفة التي تعاني منها المجتمعات العربية مثل الزيادة السكانية والفقر، والأمية، وتدهور البيئة، وضعف الإنتاجية ومعدلات التنمية، والمرأة بيدها العديد من عناصر هذه المشكلات وبالتالي لديها حلول لها؛ ولذلك عند إضافة المرأة كهدف للتحديث فإن هذا سيشكل أحد العلامات الفارقة للمجتمعات العمرانية في تحقيق مكونات الحكم الجيد .

4- ان ما أنجزته المرأة العربية في مجال العمل السياسي يؤكد قدرتها على المساهمة المباشرة في تحقيق متطلبات إدارة الحكم الجيد، وهو ما تأكد عمليا بمشاركتها بفعالية في خطط التنمية الشاملة على مستوى الدول بوصفها شريكا كاملا من شركاء التنمية، كما أن إدراك مختلف مؤسسات الدولة لدورها في إدارة الحكم الجيد إنما يمثل استجابة لتقرير الجمعية العامة للأمم المتحدة عن حالة العالم خلال الألفية والذي قام بإعداده أكثر من 700 من قادة ومفكري العالم، وانتهوا إلى أن تحسين مرتبة المرأة هو الاستراتيجية الأكثر جدوى اقتصاديا لمعالجة معظم التحديات التي تواجه الدول في الألفية الجديدة .

5- هناك علاقة تبادلية بين الحكم الجيد والتنمية، فإذا كان الحكم الجيد يؤدي إلى تنمية مستدامة ذلك كونه يشرك كل الأفراد المعنيين - رجالا ونساء

وعلى قدم المساواة في جميع مراحل العملية التنموية، فإن التنمية، على الجانب الآخر هي مدخل إلى الحكم الجيد؛ لأن من شأنها ـ حال نجاحها - تمكين المرأة اقتصاديا وثقافيا وتأهيلها اجتماعيا للمشاركة بكفاءة وعلى قدم المساواة مع الرجل في الحكم والإدارة .

6- انه لتحقيق هذه العلاقة التبادلية بين الحكم الجيد والتنمية لابد من سد الفجوة النوعية، وسد تلك الفجوة أداة وغاية في ذات الوقت، أداة تدعم من قدرة الدولة على أن تنمو بكفاءة وعلى أن تحكم بفعالية، وغاية للتنمية الناجحة وللحكم الرشيد. فهو مكون أساسي في أي استراتيجية للتنمية تسعى لتمكين الأفراد دون تمييز، وهو كذلك مكون رئيسي في أي محاولة لإقامة حكم رشيد يتيح الفرصة لكل الأفراد أن يشاركوا دون تمييز في الحكم والإدارة بما يحقق مصالحهم .

7-ان العلاقة بين الحكم الجيد من جانب بما يعنيه من مشاركة متكافئة للمرأة في عملية صنع السياسات من خلال وصولها إلى مواقع صنع القرار وبين إنجاز التنمية المستدامة من جانب آخر والتي يشارك فيها ويفيد منها كل أفراد المجتمع رجالا ونساء على قدم المساواة هي علاقة واضحة ومنطقية، وبناء على ذلك من الطبيعي الوصول بالمرأة إلى مواقع الحكم وإدارة شؤون الدولة حتى يتحقق الحكم الجيد فتتحقق بالتالي التنمية المستدامة، خاصة في ظل الفجوة النوعية القائمة بين الرجال والنساء في المنطقة العربية في معظم المجالات والتي تجعل المرأة العربية بالضرورة في وضع متدن اقتصاديا واجتماعيا وثقافيا مقارنة بالرجل، وهو ما يجعلها غير مؤهلة في كثير من الحالات لأن تصل إلى مواقع صنع القرارات العامة فلا يكون لها من ثم صوت يعتد به في عملية صنع السياسات .

8- ان الفجوة النوعية هي نتاج عوامل عديدة ومتشابكة ومتجذرة، أهمها: الدور الذي تلعبه الأسرة في تربية وتنشئة أبنائها خاصة الاستقلالية في اتخاذ القرار

التي تسمح بها الأسرة للإناث مقارنة بالذكور وأيضا نوعية الخطط المستقبلية التي تتوقعها الأسرة من كل منهما .

وفي أحيان أخرى - وخاصة في الأسر محدودة الدخل - يتم اتخاذ قرارات مصيرية تتعلق بتخصيص موارد الأسرة المحدودة وكيفية استثمارها، والتي تكون في الغالب الأعم في غير صالح البنات، حيث يفرض الدخل المحدود على الأسرة ضرورة الاختيار بين أن تستثمر دخلها إما في الأولاد أو البنات، وعادة، وفي مثل هذه الحالات، ما يتم اختيار الأولاد للاستثمار في تعليمهم وصحتهم، ولكن الأسرة في النهاية مؤسسة لا تتخذ قراراتها في فراغ وإنما في إطار مجتمعي ضاغط .

9- ان الأثر البالغ للمجتمع في ترسيخ الفجوة النوعية، وذلك بما يحتضنه من موروثات اجتماعية تتحكم بقوة في شكل الأدوار الاجتماعية المختلفة المتوقعة من النساء والرجال وما يرتبط بها من سلوكيات وكذا نوعية الأنشطة التي يرى المجتمع أنها ملائمة لكل منهما، إضافة إلى الثقافة السائدة في المجتمعات العربية والتي تجعل العمل السياسي بصفة خاصة والمشاركة في العمل العام بصفة عامة ومسؤولية صنع واتخاذ القرار على كافة المستويات من بين الأدوار الاجتماعية المخصصة للرجل، وتدعي أن هذا التخصيص للأدوار الاجتماعية هو أمر طبيعي ينتج بالضرورة عن الاختلافات البيولوجية بين الرجال والنساء والتي هي طبيعية ولا يمكن تغييرها، فصحيح أن الاختلافات البيولوجية بين المرأة والرجل وما تفرضه هذه الاختلافات من أدوار لا يمكن تغييرها، إلا أنه من غير المقبول أن تتم ترجمة هذه الاختلافات البيولوجية إلى أدوار اجتماعية تربط قيم الإنجاز في مجال العمل العام وفي المشاركة السياسية بالرجال دون النساء رغم أن هذا الدور لا يتعلق بأي خصيصة بيولوجية يتمتع بها الرجل دون المرأة بالطبيعة؛ فالأدوار الاجتماعية التي يتوقعها المجتمع من المرأة أصبحت من أهم مصادر تحديد الفرص التي يمكن أن تتمتع بها المرأة في المجتمع ومن أهم أسباب تحجيم قدر ونوع مشاركتها في الحياة المجتمعية .

10- ان الرجال في المجتمعات العربية لا يقاومون كثيرا الإجراءات الرسمية لسد الفجوة النوعية مثل صحة المرأة وتعليمها؛ لأنهم يرون عائدا مباشرا، وهو عكس الحاصل في صنع السياسات التنموية فيجب أن لا توضع المرأة هدفا لعملية التنمية بل يجب أن تكون جزءا من هذه العملية تتحمل تبعاتها ومسؤولياتها مثلها مثل الرجل، فالحكم الجيد يجعل للجميع رجالا ونساء نصيبا متكافئا من الموارد والفرص والمسؤوليات ومخرجات عملية التنمية لأنه يوفر للجميع وعلى قدم المساواة فرصة المشاركة في عملية صنع السياسات واتخاذ القرارات، فالحكم الجيد يؤدي إلى تنمية مستدامة؛ لأنه يشرك كل أفراد المجتمع ودون تمييز بين الرجل والمرأة في مراحل تخطيط وتنفيذ ورقابة وتقييم خطط ومشروعات التنمية .

11- تعتبر المشاركة أحد سمات الحكم الجيد، وتعني قدرة جميع المواطنين ودون تمييز على أن يكون لهم صوت مسموع ومؤثر وفاعل في عملية صنع القرارات العامة، ومن ثم فإن الحكم لا يمكن أن يكون جيدا إذا كانت مشاركة المرأة في عملية صنع السياسات واتخاذ القرارات محدودة .

12- على الرغم من أن المرأة العربية تشكل نصف سكان المجتمعات العربية، إلا أن نسبة مشاركتها في مواقع صنع السياسات واتخاذ القرارات العامة على تنويعاتها، مازالت منخفضة، وصحيح أن هذه النسبة تتفاوت من دولة عربية لأخرى .. إلا أنها لا تتناسب بصفة عامة مع الثقل النسبي للمرأة في التعداد السكاني. توصيات المؤتمر :

أ- تدخل المستويات القيادية بإجراءات تمييز إيجابي مباشر لصالح المرأة وبالتالي تفعيل آلية «الكوتا» أو الحصة التي بموجبها يتم التخصيص الرسمي لحصة المرأة في المجالس النيابية والمناصب العليا العامة .

ب- تبني إجراءات تحفيز مادي ومعنوي تحمِل الأحزاب على تخصيص حصة للمرأة في هياكلها ومواقعها القيادية وكذا على قوائمها الانتخابية .

جـ - عدم التحجج بأن آلية الحصة تتعارض مع مبدأ المساواة بين النساء والرجال لأن ذلك مردود عليه بأن المساواة لا تعني إخضاع الجميع لقواعد وإجراءات موحدة لا تأخذ بعين الاعتبار ما يوجد بينهم بالفعل من تمايزات، بحيث أنه يمكن القول إن إلغاء إجراءات التمييز الإيجابي لصالح المرأة يتعارض مع مبدأ المساواة، لأنه يكرس من واقع عدم المساواة الفعلية بين الرجال والنساء في المجتمعات العربية، إضافة إلى أن معظم الدول العربية صدقت على اتفاقية منع كافة أشكال التمييز ضد المرأة، ووفقا لنصوصها فإن الدول المنظمة إليها يجب أن تتخذ تدابير تمييز إيجابي تستهدف التعجيل بتحقيق مساواة فعلية بين المرأة والرجل .. ولتفعيل آليات المشاركة السياسية للمرأة العربية هناك عددا من الآليات التي من شأنها رفع تمثيل المرأة سياسيا، وكذلك وجودها في مواقع صنع القرار، منها :

1- يتعين أن يكرس الخطاب السياسي للسلطات العامة المساواة الكاملة بين المرأة والرجل، وأن يجسد هذا الخطاب في الممارسات الميدانية، باعتماد المعايير الموضوعية والقانونية لتقلد المناصب والوظائف العليا .

2- تهيئة بيئة ديمقراطية مستقرة تقوى على تحقيق التنمية السياسية المستدامة؛ حيث تعد الديمقراطية إحدى الركائز الأساسية لتحقيق عملية التنمية السياسية فجوهر الديمقراطية بشكل أساسي يتمثل في صيانة حقوق الإنسان ومشاركة الجماهير في صنع القرار وتعزيز دور المرأة في العملية الديمقراطية، الأمر الذي يتطلب دعم كل الجهات المعنية، فالعلاقة وطيدة بين تعزيز دور المرأة في العملية الديمقراطية وتعزيز الديمقراطية ذاتها .

3-إتاحة المزيد من فرص التعليم بجميع مراحله أمام المرأة وخاصة التعليم العالي؛ حيث إن تعليم المرأة وحصولها على درجات علمية عالية هما ركيزة أساسية لوصولها إلى مراكز السلطة وصنع القرار، إذ تتوقف قدرة المرأة على التأثير وإحداث التغيير على قدرتها على الإبداع والتغيير،

وهذا ما تم تأكيده من خلال تولي المرأة العربية في عدد من البلدان المناصب الحكومية المهمة وانخراطها في مؤسسات البحث العلمي .

4-الحاجة إلى إعادة النظر في بعض القوانين والتشريعات الخاصة بالمرأة بما يضمن مساواتها بالرجل في كافة المجالات والمطالبة بوضع قوانين تدعم دورها السياسي، وتدريبها ونشر الثقافة السياسية وأهمية دورها السياسي على المستوى الشخصي والمجتمعي، من خلال الجمعيات النسائية ومنظمات المجتمع المدني والأحزاب السياسية .

5 -المشاركة في الأحزاب ومؤسسات المجتمع المدني وزيادة وعي المجتمع لتغيير الأنماط السلوكية المتبعة التي يتم التمييز من خلالها بين الرجل والمرأة وذلك من خلال دمج منظور النوع الاجتماعي .

6 - نظام «الكوتا»، كإجراء استنهاضي للمرأة، يعتبر من أهم الآليات التي تدعم المشاركة السياسية، من خلال تحديد نسبة النساء في المناصب القيادية واتخاذ القرارات وتنفيذها أثناء الانتخابات من خلال إلزام الأحزاب السياسية باعتماد نظام الحصص في الانتخابات بمختلف أنواعها، أو بالتعيين، وهو النظام المعمول به في 77 دولة .

وقد أدى هذا النظام إلى زيادة مشاركة المرأة في اتخاذ وتنفيذ القرارات وتولي مناصب قيادية على المستويين الإقليمي والدولي، وهو ما تضمنته مقررات مؤتمر بكين عام 1995 (المادة رقم 182)، ولقد طبق بعض الدول العربية مثل المغرب والسودان والأردن هذا النظام، فيما تعالت الأصوات في دول عربية أخرى مطالبة به مثل مصر ومملكة البحرين .

7 -التوعية السياسية للمرأة لإثارة اهتمامها بالشأن العام، وزيادة البرامج المخصصة بإعداد القيادات النسائية الشابة من خلال تعزيز القدرات القيادية للمرأة، حيث إن قراراتها الشخصية واستعداداتها للقيادة لها تأثير كبير في تقديم النموذج الناجح للمرأة في الحياة السياسية، كذلك إعداد وتأهيل النساء اللاتي يرغبن في الترشح في الانتخابات على المستوى المحلي

أو النيابي من خلال برامج تدريبية معدة لذلك، ومساعدتهن على إعداد برامجهن الانتخابية في ضوء متطلبات العصر ومتطلبات عملية التنمية الشاملة بمجتمعهن وتطلعات المرأة واهتماماتها الشخصية والمجتمعية .

8 - مكافحة العنف ضد المرأة وتنسيق الجهود في هذا الصدد بين مؤسسات العمل العربي وخاصة منظمة المرأة العربية وجامعة الدول العربية ومؤسسات المجتمع المدني .

9 - مشاركة المرأة مع الرجل في صياغة الخطط والسياسات والبرامج الإنمائية وتوجيه الخطاب الإعلامي ليلعب دورا مهما في توجيه المجتمع للاهتمام بقضايا المرأة وحفزها إلى الوصول إلى مناصب صنع القرار، وتقديم صورة متوازنة وغير نمطية لها، وتحسين فرصها للتعبير عن آرائها وصنع القرارات في وسائط وتكنولوجيا الإعلام الجديدة .

10- تفعيل الاتفاقيات الدولية ذات الصلة بالمرأة بما يتناسب مع المبادئ الإسلامية. من خلال عرض تجارب الدول العربية في سبيل تفعيل المشاركة السياسية للمرأة عددا من الملاحظات، هي كالتالي :

1 - ان الاهتمام بالمرأة ليس وليد العقد الأخير من القرن العشرين، ولكنه يعود إلى القرن التاسع عشر عندما أثارته مجموعة من المثقفين، والقوى الاجتماعية المختلفة في العالم العربي، (رفاعة الطهطاوي،علي مبارك، قاسم أمين..إلخ) التي كانت تناضل من أجل الحرية والمساواة بين جميع الطبقات الاجتماعية، حيث لم تكن المرأة في ظل موجة الاستعمار التي اجتاحت العالم العربي بعيدة عن الحراك المجتمعي، بل إنه مع بدء تعليمها تشكل وعيها السياسي والوطني في الدول العربية كافة أي ان الحركة النسائية على مستوى الوطن العربي تشكلت وتبلورت مع تنامي الأحداث السياسية، وفي الخمسينيات، زادت مشاركتها السياسية وانخرطت المرأة العربية سواء الشابات أو ربات البيوت في التنظيمات السياسية، ويمكن القول: إن دور المرأة في

الستينيات كان دورا سياسيا بشكل أكثر وضوحا، هادفة من ذلك الى المساهمة في تخليص الدول العربية الواحدة تلو الأخرى من نير الاستعمار .

2 - ان الوعي بقضايا المرأة في العالم العربي في العصر الحديث ارتبط بمجموعة عوامل مؤثرة ومتشابكة، منها :

أ- التعليم: وقد كان له الأثر البارز في تطور وعي المرأة بالشكل الذي ساعدها في تكوين نظرة «طموحة» تجاه ذاتها، وهو الوعي الذي جعلها تصطدم بواقع متوارث تهيمن عليه أعراف وتقاليد لا تعترف للمرأة بتطلعاتها الكبيرة، أو بمشاركتها في المجالات العامة؛ لأن تلك الأعراف والتقاليد نشأت وترسخت في وضعيات كانت المرأة فيها تفتقد التعليم وتسيطر عليها الأمية بنسبة أكبر مما تسيطر على الرجل، فكان من الطبيعي أن تختلف نظرة المرأة كليا إلى ذاتها بين هذين الوضعين، خصوصا أنها استطاعت أن تظهر تفوقا وتقدما في ميادين التعليم والتدريب، مما جعلها تمتلك أدوات النظر في تقييم الظروف والأحوال التي كانت محيطة بها، وتكتشف بالتالي مدى المسافات التي تفصلها للانتقال من هذه الأوضاع، ومستوى الجهود المفترضة في إصلاح أوضاعها، ويضاعف من ذلك التقدم الكيفي للنساء في ميادين التعليم، والتطور الكمي والعددي بين النساء اللائي يندفعن باهتمام كبير نحو التعليم، وتعج بهن المدارس والمعاهد ومدرجات الجامعات .

ب- العمل: اقتحمت أعداد كبيرة من الخريجات ميادين العمل والإنتاج، وبذلك استطاعت المرأة أن تصنع لنفسها واقعا لا يمكن نكرانه، أو عدم الاكتراث به، بل فرضت الاعتراف به، والتعامل معه بطريقة تستدعي تصحيح النظرة القديمة عن المرأة، وتعيد الاعتبار لشخصيتها ومكانتها الاجتماعية، ووصلت إلى مناصب

عليا كانت تعتبر في السابق حكرا على الرجال، منها: تولي مناصب في السلطة القضائية والتنفيذية، كما شهدت أيضا ظاهرة سيدات الأعمال وذلك لفرض وجودهن على خريطـة الاقتصـاد العربي الذي كان حكرا على الرجال، وأيضا دخولها مجالات غير تقليدية واقتحامها وظائف لم تكـن لتقتحمها إلا بتشجيع من الحكومات، حيث أصبحت شرطية وسائقة أجرة وقائدة للطائرات في سلطنة عمان .

جـ- التقدم التكنولوجي: إن تطور شبكات الإعلام وتكنولوجيا الاتصالات، وما عرف بثورة المعلومات، جعل من تعبئة العالم تجاه قضية معينة والاستنفار حولها، وفرضها على اهتمامات الرأي العام العالمي، أمرا ممكنا، وهو ما ساهم بصورة كبيرة في تطوير إدراك العالم بقضايا المرأة، وتحويل معاناتها إلى مرئيات ومشاهد وصور، والاطلاع على ما يجري حولها، والاستماع إلى أفكارها ومعارفها، وصرخاتها ونداءاتها، وطموحاتها وتطلعاتها .

3 -ان الحكومات وجدت نفسها معنية بإظهار الاهتمام بقضايا المرأة بصور مختلفة، كمراجعة قوانين الأحوال الشخصية، وإدخال إصلاحات على التشريعات القانونية المتعلقة بالمرأة، وفتح مجالات التعليم والتدريب والتعليم العالي لها، وتسهيل فرص التوظيف والمشاركة لها في المؤسسات والهيئات الحكومية وغير الحكومية، وتقديمها في التعبير عن نفسها وعن الأنشطة التي تنهض بها، والمكتسبات التي حصلت عليها، والإنجازات التي حققتها، لأجل كسب ميول المرأة بما تمثله من تعداد بشري كبير لصالح الدولة خصوصا بعد تقدمها في مجال التعليم، خوفا من تعرضها لاحتواءات من جهات أخرى داخلية أو خارجية، أو التأثير فيها فكريا أو سياسيا، فالمرأة عندما تتأثر بالقضايا العامة ..ثقافيا وسياسيا

واجتماعيا إلخ... تتحول- بالضرورة - إلى مؤثر فاعل بتوجهاتها في كل أفراد أسرتها .

4 -ان قضية تمكين المرأة سياسيا ليست قضية كم فحسب بل هي قضية كيف؛ حيث لا يكفي اتخاذ الوسائل والتدابير التي تكفل زيادة عدد النساء في البرلمانات، ولكن لابد أن يصاحب ذلك تصعيد للأداء السياسي للمرأة وتنشيط لوعيها بالقضايا السياسية لبلادها .

5 -ان السعي نحو إحداث تمييز إيجابي مؤقت للمرأة في الحياة النيابية من خلال تخصيص الحكومات حصة معينة لها في المجالس والهيئات المختلفة يسمح بميزة مؤقتة على الرجل حتى يعتاد المجتمع إعطاء المرأة فرصة لإثبات قدراتها ووضعها في مواقع صنع القرار .

لقد صدرت في أوائل التسعينيات توصية دولية في هذا الصدد عن لجنة مركز المرأة التابعة للأمم المتحدة باعتبار نسبة 30% الحد الأدنى لحصة المرأة في مناصب صنع القرار على الصعيد الوطني، واستطرد التقرير الصادر عن اللجنة إلى توضيح أهمية اعتبار هذه النسبة بمثابة الحد الأدنى وليست الغاية النهائية في هذا الصدد، ورغم الأهمية الإجرائية لنظام الكوتا - الذي حظي بشبه إجماع وتأييد كل المشاركات في الندوة- في الدفع بتفعيل المشاركة السياسية للمرأة، فإن البعض يرى أن هذا النظام يعترضه بعض المشاكل الدستورية، إذ قد يتحفظ عليه بدعوى أنه يخل بمبدأ دستوري يتعلق بالمساواة بين المواطنين، فيما رأى البعض الآخر أيضا أن المطالبة بتخصيص نسبة للمرأة.. قد يدفع بعضهن إلى رفع النسبة إلى حوالي 30% (كما جاء في توصية لجنة المرأة التابعة للأمم المتحدة)، فضلا عن أن هذه النسبة تفوق كثيرا أعلى النسب في الدول الغربية (18% في بريطانيا)، كما أن الارتفاع بمعدل النسبة قد يحول قضية المشاركة السياسية للمرأة من حركة لدعم قضية سياسية إلى حركة لدعم قضية نسوية، مع الأخذ في الاعتبار أن نظام الكوتا غير معمول به في الدول المتقدمة .

ولذلك فقد يكون من الأفضل تأمين نسبة للمرأة في البرلمان وفي المجالس المحلية وفقا لقاعدة التوافق العام ومن دون نص ملزم، حيث تتوافق إرادة الدولة وإرادة القوى السياسية الفعالة وإرادة قوى المجتمع المدني على تمرير نسبة للمرأة من خلال نظام الانتخاب بالقائمة أو من خلال منحها دعما في الانتخابات. وبصفة عامة فإن قضية المشاركة السياسية للمرأة تعتبر أحد أهم مبادئ شرعية النظم الديمقراطية التي تتوقف على تمثيل فئات الشعب كافة دون التركيز على فئة دون أخرى أي أن تكون مشاركتها في المجالس النيابية موازية لقدرتها؛ حيث إنها تمثل نصف المجتمعات العربية، كما يمكن القول-أيضا- ان المشاركة السياسية للمرأة قد أصبحت أحد أركان منظومة الإصلاح المجتمعي العربي وتطويره، حيث جاء الجهد العربي بشأن المرأة متمثلا في بيانات الإصلاح السياسي التي صدرت في الدول العربية في عام 2003، ووثيقة الإصلاح في مؤتمر الإسكندرية عام 2004، والبيانين الصادرين في عمان وصنعاء ثم البيان الصادر عن قمة تونس 2004، وهكذا بات موضوع دور المرأة ومشاركتها في الحياة السياسية جزءا من تحول المجتمع العربي وتحديثه وتطوير البنية الاجتماعية والثقافية والسياسية له، لتبدو أكثر اتساقا مع النظم الديمقراطية ومع احترام حقوق الإنسان.. يحتل موضوع مشاركة المرأة في الانتخابات أهمية خاصة، في ظل النظام العالمي الجديد وتزايد الدعوات للإصلاح والدمقرطة، وبالذات في البلدان العالم الثالث، فالانتخابات هنا ليست هدفا بحد ذاته، بل هي وسيلة لتمكين المرأة من تبوء مكانتها في مؤسسات صنع القرار على اعتبار أنها تشكل نصف المجتمع، وهي حق أساسي من حقوق الإنسان يجب أن تتمتع المرأة به، كما إن الانتخابات الوسيلة لتحقيق الديمقراطية في أي مجتمع، بما يضمن إطلاق طاقات أبنائه رجالا ونساء وتحقيق التنمية والمساواة العدالة .

تمنح القوانين المنظمة للفعل السياسي على المستوى الدولي والمتمثلة بمجموعة من الاتفاقيات الدولية المرأة حقوقا واضحة، فالاتفاقية الخاصة بالحقوق السياسية للمرأة لسنة 1952 تنص في مادتها الثانية على أن للنساء الأهلية في أن

ينتخبن الهيئات المنتخبة بالاقتراع العام، والمنشأة بمقتضى التشريع الوطني بشروط تساوي بينهن وبين الرجال دون تمييز، والعهد الدولي الخاص بالحقوق المدنية والسياسية يقول في المادة"25 "، لكل مواطن الحق في المشاركة في تسيير الحياة العامة مباشرة أو عن طريق ممثلين مختارين. أما اتفاقية القضاء على كافة أشكال التمييز ضد المرأة لعام 1979 تنص في مادتها رقم" 7" على حق المرأة في التصويت في جميع الانتخابات والاستفتاءات العامة، والأهلية للانتخاب لجميع الهيئات التي تنتخب أعضاءها بالاقتراع العام والمشاركة في صياغة سياسة الحكومة وفي تنفيذ هذه السياسة وفي شغل الوظائف العامة .

ومما لا شك فيه أن مدى مشاركة المرأة في العملية الانتخابية تصويتا وترشيحا مرتبط بمستوى تطور المجتمع في بنيته الاقتصادية والاجتماعية وبنيانه القومي السياسي والثقافي والأخلاقي، غير إن حصول المرأة على حقها بالتساوي الكامل مع الرجل وممارستها هذا الحق في التصويت والترشيح، حتى لو كان عدد النساء المشاركات في الاقتراع يساوي أو يقترب من عدد الرجال، لا يعني بالضرورة تحصيل النساء تمثيلا في الهيئات المنتخبة يوازي نسبتهن في المجتمع، أو يدنو منها، وهذا ينطبق على جميع البلدان والمجتمعات المتطورة منها والمتخلفة، بمعنى أن المساواة القانونية قد لا تحل كل إشكاليات المرأة، أو تلغي التمييز ضدها .

وتشير إحصائية، نشرها مركز "أمان" في الفترة الأخيرة إلى أن بلدا فقط بين أكثر من 180 بلدا تترأسها نساء، ولا يوجد في منصب نائب الرئيس سوى أربع نساء، وهناك ثلاث نساء في منصب الحاكم العام، وخمس في موقع زعيم المعارضة. أما تمثيل المرأة في البرلمانات فلا يتعدى نسبة 13% من أعضاء البرلمانات القومية في العالم، ففي البرلمانات العربية حصلت النساء على ما نسبته 4.6% من المقاعد، بينما حصلت في البرلمانات الإفريقية على 12% وفي أوروبا والأمريكيتين 16% وعلى المثال في اليابان فقط 4.6% من أعضاء البرلمان هم من النساء، في حين أن نسبة النساء في البرلمان الفرنسي (الجمعية الوطنية) 10.9% وفي الولايات المتحدة 13.3% فقط، وتشكل النساء ما نسبته 7% فقط من وزراء العالم أجمع، والسويد هي البلد الأول

الذي أصبح في العام 1995 يملك نفس العدد من النساء والرجال في مناصب وزارية، ولا تزال هناك دول لا تملك فيها النساء حق الاقتراع من بينها دول عربية هي: الكويت والسعودية والإمارات. كما أن بعض البلدان لم تصادق على معاهدة إزالة جميع أشكال التمييز ضد المرأة المعروفة باسم "سيداو" ومنها الولايات المتحدة الأمريكية، وهي الدول الصناعية الوحيدة التي لم تصادق على المعاهدة .

في المقابل، لا يعكس تدني مستوى تمثيل المرأة في البرلمانات والمناصب الرفيعة في البلدان المعنية بالضرورة تمييزا ضد المرأة، أو يمثل انعكاسا لوصفها على الصعيد الاجتماعي، لأن من بين أسباب ضعف نسبة النساء في هذه المواقع عزوف أعداد كبيرة من النساء عن الانغماس في العمل الحزبي والسياسي، الذي يعتبر المدخل في غالبية الحالات للتمثيل في الهيئات القيادية على مستوى الدولة، غني عن القول ان حصول المرأة على كافة حقوقها الاجتماعية والسياسية يستلزم تضافر مجموعة من العوامل من قبيل تطور الوضع الاقتصادي والوصول إلى مستوى متقدم معين من التنمية في مختلف الميادين، وحدوث تغيير في البنى والهياكل الاجتماعية والاقتصادية، وتغيير في الثقافات والمفاهيم الاجتماعية التي تحكم نظرة المجتمع للمرأة، وهذه عملية طويلة ومعقدة تبدأ بالتنشئة الاجتماعية وتحتاج إلى نضال مواظب وشاق .

**بعض التجارب العربية

شهدت الحقبة الأخيرة من القرن الماضي والسنوات الأولى في القرن الحالي اهتماما خاصا بقضايا المرأة في البلدان النامية، والبلدان العربية على وجه الخصوص، وذلك لجهة تعزيز مشاركتها على أوسع نطاق في عمليات التنمية، وفي صياغة شكل المجتمع الذي تنتمي إليه وعلاقاته مع غيره من المجتمعات، وحققت المرأة في هذه البلدان تقدما نسبيا مضطردا في معدلات التعليم والمستوى الصحي، وفي ميدان العمالة، وقد انعكس هذا التقدم على زيادة مشاركة المرأة في الانتخابات بالتصويت وبالترشيح للبرلمانات، وكان توقيع الكثير من البلدان على

الاتفاقية الدولية الخاصة بالقضاء على جميع أشكال التمييز ضد المرأة لعام 1976، مقدمة لتحسين وضع المرأة في العالم العربي، ولكن التجارب الانتخابية العربية لا تعكس كلها بالضرورة تقدما في مكانة المرأة، فهناك تراجع في بعض الحالات. ونستعرض هنا بعض التجارب العربية .

**التجربة المغربية

ينص الدستور المغربي (1962-1996) في فصله الخامس على أن الرجل والمرأة متساويان في التمتع بالحقوق السياسية. ويستطرد: لكل مواطن ذكرا كان أو أنثى الحق في أن يكون ناخبا، يعتبر هذا النص من وجه نظر المنظمات النسوية المغربية قاصرا ويتعارض مع مضمون الاتفاقيات الدولية التي صادقت عليها المغرب. ويبدو أن التجارب الانتخابية المغربية، سواء المحلية أو البرلمانية، حتى العام 1997 تعكس تقزيم حقوق المرأة، ففي عام 1977 وصلت مشاركة المرأة في الانتخابات 47.6% (في المحلية) و52.31% (في التشريعية) بالنسبة إلى الرجال، في الوقت الذي وصل فيه عدد المرشحات في الانتخابات التشريعية في 1984 إلى 15 مرشحة من مجموع 1332 مرشحا، أي بنسبة 1.09% وهي نسبة هزيلة إذا ما قورنت بالكتلة النسائية الناخبة. وهذا ينطبق على انتخابات 1997 .

في الانتخابات المحلية في 1983 فازت 36 مرشحة من أصل 15500، مع ذلك لم تمنح النساء الفائزات صلاحيات رئيسية حيث أن إحداهن فازت بأعلى الأصوات في دائرتها ورفض حزبها تنصيبها رئيسا للمجلس المفرز، وهذا ربما يعكس نظرة دونية للمرأة، وكان هناك غياب تام لتمثيل المرأة في برلمانات (1963، 1970، 1977، و1984) حتى انتخابات برلمان 1997 الذي منح المرأة مقعدين، ويشار هنا إلى أن آخر انتخابات تشريعية مغربية جرت في أيلول (سبتمبر) 2003 شهدت قفزة نوعية في تمثيل المرأة، فقد فازت النساء المغربيات بخمسة وثلاثين مقعدا من مقاعد البرلمان الذي يبلغ عدد أعضائه 325 عضوا لتضع المغرب في صدارة الدول العربية من حيث التمثيل السياسي للمرأة .

التجربة اللبنانية

تؤثر طبيعة النظام السياسي الطائفي في لبنان على دور ومكانة المواطن اللبناني، رجلا كان أم امرأة، فبعض مواد الدستور تعطي الطوائف والمذاهب حق تنظيم الأحوال الشخصية وحرية إنشاء مدارسها الخاصة، كما تقسم الوظائف العليا بين الطوائف، والمواطن لا يسعه أن يخاطب الدولة، أو يتعامل معها، أو يشترك في حياتها وأنشطتها إلا من خلال طائفته، فهي المدخل للوصول إلى الدول والوظيفة والوزارة والتمثيل الشعبي، هذه الصيغة الطائفية تحول، مع أسباب أخرى، دون وصول المرأة اللبنانية إلى مواقع السلطة السياسية، وعمليا تتم التضحية بوجودها لصالح أية طائفة قد تعترض، وفي إطار الصراع والتنافس بين الطوائف لا يجري اختيار للمرأة لمنافسة بقية الطوائف .

في الانتخابات النيابية التي جرت في العام 2000 لم تستطع دخول المجلس سوى ست نساء، لا تزال ثلاث منهن في المجلس النيابي الذي يضم 128 نائبا، أما في مجال الانتخابات المحلية فالوضع مختلف، والتجربة النسائية كانت جيدة حيث أنه من بين 350 امرأة ترشحن لهذه الانتخابات فازت 129 امرأة وذلك في الانتخابات قبل الأخيرة، ونشير هنا إلى أنه لا توجد لدينا إحصائيات حول الانتخابات التي جرت مؤخرا في لبنان، ويبدو إن نجاح النساء في الانتخابات المحلية مرتبط بعدم خضوعها للتوزيع الطائفي .

وتجدر ملاحظة أنه لم تصل أية امرأة لبنانية حتى الآن إلى منصب وزيرة أو رئيسة وزراء، ولم تترشح أية امرأة إلى مركز رئيسية للجمهورية .

التجربة الأردنية

جرى في العام 1974 تعديل قانون انتخاب مجلس النواب الأردني رقم (9) بمنح المرأة الأردنية حق الترشيح والانتخاب للمجالس النيابية. كما تم منح المرأة الأردنية حق الانتخاب والترشيح للمجالس البلدية عام 1982. وقد شاركت المرأة فعليا في الانتخابات النيابية في عام 1989، حيث ترشحت 12 سيدة لم تفز أي منهن،

وفي انتخابات 1993 التي شهدت تغيرا في النظام الانتخابي من نظام القائمة المفتوحة إلى نظام الصوت الواحد فازت سيدة واحدة عن المقعد الشركسي والشيشاني من أصل ثلاث سيدات ترشحن، وكانت نسبة المشاركة النسائية في انتخابات عام 1997 أكبر حيث ترشحت سبع عشرة امرأة لم يحالف الحظ أيا منهن، وفازت سيدة واحدة في الانتخابات التكميلية للمقعد الشاغر بسبب وفاة أحد النواب المجلس في 2001. وهناك ثلاث سيدات في مجلس الأعيان، أي حوالي 8% من المقاعد .

جرى تعديل قانون الانتخاب لمجلس النواب في 2003 بتخصيص مقاعد إضافية للنساء حيث يمنح هذا القانون المرأة فرصتين للفوز في الانتخابات الأولى بالتنافس مع المرشحين الآخرين على المقعد النيابي في الدائرة التي تترشح عنها، والثانية باحتساب نسبة عدد الأصوات التي حصلت عليها المرشحات اللواتي لم يفزن إلى عدد أصوات المقترعين في الدوائر التي ترشحن فيها بحيث تكون الحاصلات على أعلى ستة نسب من الفائزات بغض النظر عن الدوائر الانتخابية .

ودخلت المرأة الأردنية الوزارة في عام 1979 لأول مرة، وتكرر وجود وزيرات في 84 و93 و95 وفي 1999 كانت هناك وزيرة تشكل موقع نائب رئيس الوزراء وكذلك في 2000 و2002. وكانت بداية مشاركة النساء في الانتخابات البلدية في العام 1995 حيث تم تعيين مائة امرأة في اللجان البلدية التي شكلت تمهيدا لانتخابات المجالس البلدية ورؤسائها، وقد ترشحت 19 امرأة للانتخابات البلدية التي جرت في نفس العام، وفازت واحدة منهن برئاسة بلدية، بينما فازت تسع نساء أخريات بعضوية مجالس بلدية، وجرى تعيين 23 امرأة في عدد من المجالس البلدية، وفي 1999 بلغ عدد المرشحات للانتخابات البلدية 43 امرأة نجح منهن ثماني نساء، وتم تعيين 25 امرأة أخرى في المجالس البلدية، وتشير بعض الدراسات الحديثة التي اجريت في الأردن إلى تزايد نسبة الذين يؤيدون عمل المرأة في المجال السياسي، ولا يرون أي تأثير لتكوين المرأة البيولوجي على هذا العمل. ومع ذلك لا يزال المجتمع الأردني يرى أن عمل المرأة في الميدان السياسي يؤثر بشكل سلبي على دورها في البيت، وفي تنشئة الأطفال والاهتمام بشؤون البيت الأخرى .

التجربة اليمنية

تعتبر التجربة اليمنية من أسوأ تجارب المرأة العربية حيث شهدت تراجعا جديا عن إنجازات سابقة كانت حققتها المرأة اليمنية خلال العقود السابقة، عندما كانت اليمن مقسمة إلى شطرين، جنوبي وشمالي، حقق الشطر الجنوبي إنجازات على مختلف الأصعدة، وفيما يخص المرأة كان قانون الأسرة الذي جرى اعتماده هناك الثاني في طبيعته الديمقراطية بعد قانون الأسرة التونسي، وبعد توحيد اليمن جرت عدة تعديلات على قانون الأحوال الشخصية مثلت تراجعا عن منجز ديمقراطي مهم للمرأة، ويظهر أن الأعراف القبلية والتقاليد والعادات الموروثة قد تغلبت في عمليات الصياغة والتعديل التي حصلت في نصوص القانون ليبدو أكثر تخلفا .

في الانتخابات البرلمانية الأولى التي جرت بعد توحيد اليمن، وتحديدا في عام1993 ، نجحت امرأتان في الوصول إلى البرلمان من أصل 48 ترشحن لهذه الانتخابات، وفي المرة الثانية، في عام 1997، نجحت اثنتان من 23 امرأة مرشحة، وكان التراجع أكبر في آخر انتخابات برلمانية في 2003 حيث فازت امرأة واحدة من مجموع 11 امرأة ترشحن لخوض الانتخابات .

والجدير بالذكر أن نسبة مشاركة النساء في التصويت في 2003 كانت كبيرة حيث بلغت 47% (3.450.000)من أصل 8 مليون) وهذه النسبة تفوق النسب السابقة بأضعاف، والسبب الرئيسي للمشاركة النسائية هو رغبة كل الاتجاهات السياسية في اليمن بالحصول على أصوات النساء، ولكن ليس من أجل المرشحات، وإنما المرشحين الذكور، والنساء الإحدى عشرة اللواتي رشحت أنفسهن هن: 4 من الحزب الاشتراكي اليمني (4 مرشحات مقابل 87 مرشحا) وواحدة من حزب المؤتمر الشعبي والست الأخريات مستقلات .

تجارب أخرى

تشهد دول الخليج العربي تطورات مهمة على صعيد منح المرأة حقها في التصويت والترشيح، ونشير هنا إلى انضمام البحرين مؤخرا إلى كل من عمان وقطر،

في السماح للمرأة بالمشاركة في الانتخابات، وقد خاضت المرأة البحرينية أول تجربة للانتخابات البلدية، وقد ترشحت 31 امرأة، ولم تفز أية واحدة منهن في هذه الانتخابات، كما شاركت النساء في البحرين في تجربة الانتخابات التشريعية في شهر تشرين أول (أكتوبر) 2003، وكانت مشاركة النساء في عملية التصويت أكثر من مشاركة الرجال. ورغم عدم انتخاب أي امرأة فقد وصلت اثنتان إلى المرحلة الثانية ـ مرحلة الإعادة ـ وأحرزتا نتائج جيدة .

وتأتي دولة سورية في المرتبة الثانية بعد المغرب من حيث تمثيل المرأة حيث تشغل المرأة السورية 25 مقعدا من مقاعد البرلمان الذي يبلغ عدد أعضائه 325 عضوا، تليها تونس التي تحتل المرأة منها 16 مقعدا للنساء في المجلس الشعب، ولا تزال دول عربية كالسعودية والإمارات تمنع المرأة من ممارسة حقها في الانتخاب والترشيح. وفي خبر طريف نشر على موقع قناة "العربية" في 25 أيار (مايو) 2004، يتبين أنه لا تزال توجد في السعودية عادات غريبة تمنع النساء من أن يرين وجوههن لأزواجهن، وهذه العادات موجودة لدى بعض المجموعات القبلية. وإحدى القصص المضحكة والمأساوية في نفس الوقت تقول إن أحد الأزواج عندما توفيت زوجته في حادث طرق استدعي للمستشفى للتعرف عليها واستلام جثتها، ونظرا لأنه لم يكن قد رأى وجهها منذ زواجهما الذي دام 7 سنوات وأنجبت خلالها ابنا طلب من الحاضرات وضع البرقع على وجهها ليعرفها .

هذه القصة العجيبة تفيد بأن تحرير المرأة لا يزال مطلبا بعيد المنال، بحاجة إلى ثورات داخل العالم العربي، أو في قسم منه على الأقل، ولا يعني عدم منح المرأة حق الاقتراع في بعض البلدان العربية أن هناك استكانة لهذا الموضوع، ويمكن القول إن كل الدول العربية تشهد حراكا اجتماعيا باتجاه المزيد من إشراك المرأة في الحياة العامة والحياة السياسية في المجتمعات العربية، وصولا إلى مساواتها الكاملة بالرجل، وقد تكون دولة الكويت إحدى النماذج لمثل هذا الحراك والصراع الاجتماعي الذي يدور بين التيارات المحافظة وبين التيارات الليبرالية والمعتدلة .

**آليات تطبيق الكوتا

لقد تم اعتماد الكوتا النسائية في دول العالم المطبقة على أربعة مستويات وبأساليب مختلفة :

أولا- المستوى الحكومي التنفيذي

تستطيع الحكومة أن تبدأ تدريجيا في وضع النساء ذوات الكفاءة في المناصب السياسية والإدارية العليا بنسب محددة وعلى فترات زمنية محددة أيضا (نسبة 10% في خمسة سنوات مثلا) وتعمل على زيادته في المستقبل، وهذه آلية سهلة نسبيا لعدم تطلبها موافقة فئات المجتمع .

ثانيا- المستوى التشريعي

يمكن ادخال الكوتا النسائية على المستوى الوطني (البرلمان)، وعلى مستوى المجالس المحلية من خلال :

- تخصيص كوتا مغلقة: تحدد نسبة معينة من المقاعد للنساء للتنافس بينهن، ولا يسمح لهن بالمنافسة خارج هذه المقاعد، ويمكن البدء بنسبة متواضعة ومن ثم زيادتها تصاعديا .

- تخصيص كوتا مفتوحة: تحدد نسبة من المقاعد التشريعية يسمح للنساء فقط التنافس عليها، مع السماح لهن بالتنافس خارج تلك المناطق كما حدث في انتخابات المغرب الأخيرة .

إذا تعثر تطبيق ما سبق، تحفظ نسبة معينة من المقاعد تتم بالتعيين في المجالس الوطنية أو المحلية ولفترة زمنية محددة .

**تجارب لتخصيص مقاعد للنساء عبر التشريع الوطني

تجربة مصر: في عام 1979 صدر القانون رقم41 برفع نسبة تمثيل المرأة لأول مرة في تاريخ البرلمان وتم تخصيص30 مقعدا للمرأة من مقاعد مجلس الشعب، ولكن في عام1986 الغي نظام تخصيص المقاعد للنساء بموجب القانون188 الذي حول نظام الانتخاب إلى نظام القوائم، وفي عام1990 الغي نظام القوائم وعاد مرة

أخرى نظام الانتخاب الذي تضاءلت معه نسبة تمثيل المرأة في مجلس الشعب فوصل عدد العضوات في الدورة الحالية لمجلس الشعب11 عضوة منهن 7 عضوات جئن بالانتخاب و4 عضوات بالتعيين من بين العدد الكلي للأعضاء ويبلغ 454 عضوا، ويجدر بالذكر أن المرأة المصرية نالت حق الانتخاب والترشيح بعد دستور1956، وشغلت عضوتان فقط مقاعد في مجلس الأمة عام1957، ووصل عددهن إلي ثماني عضوات في مجلس الأمة عام1962 ثم أقر نظام التخصيص في عام 1979 .

تجربة بنغلاديش: حدد دستور عام 1972م عدد 15 مقعدا من أصل 315 في المجلس النيابي للنساء ولمدة عشرة أعوام، وفي عام 1978م ارتفع العدد إلى 30 مقعدا من أصل 330 مقعدا بإعلان رئاسي، محددا فترة تطبيقه لمدة خمسة عشرة سنة من تاريخ إعلان دستور الجمهورية في 1972م، إلا إن الإعلان هذا سقط عام 1987م، ليعاد طرحه وتضمينه الدستور مرة أخرى في عام 1990م في صورة تعديل دستوري، ولمدة عشر سنوات من بدء البرلمان التالي، وفي عام 2001م توقف العمل بهذا النظام، والبرلمان الحالي الذي انتخب في أكتوبر 2001م لا يعمل بنظام التخصيص، الا ان نظام التخصيص مازال مطبقا في المجالس البلدية وفق تشريع أصدره البرلمان عام 1993م، وعقدت أول انتخابات بلدية وفق هذا التشريع في العام 1997م، وتقوم جماعات الضغط النسائية حاليا لإرجاع نظام التخصيص في البرلمان بزيادة عدد المقاعد المخصصة للنساء والانتخاب المباشر .

تجربة الأردن: في العام 2003م أصدرت الحكومة الأردنية القانون المعدل للانتخابات وفيه تنص المادة 3- أ(يضاف إلى مجموع عدد المقاعد النيابية المخصصة للدوائر الانتخابية المبينة في المادة 2 من النظام الأصلي ستة مقاعد تخصص لإشغالها المرشحات في مختلف الدوائر الانتخابية في المملكة الفائزات بهذه المقاعد وفقا لأحكام الفقرة) ج من المادة 45 من قانون الانتخاب لمجلس النواب رقم 34 لسنة 2001) وبناء على القانون المعدل فازت ست نساء في الانتخابات السابقة في يونيو 2003م .

والجدير بالذكر أن المرأة الأردنية حصلت على حقها في الاقتراع والترشيح في العام 1974 م، ولم تتمكن أي امرأة من الفوز في انتخابات 1989، ولا في الانتخابات قبل الأخيرة في 1997م، أما البرلمانية السابقة توجان الفيصل فقد فازت بالمقعد الشركسي والشيشاني في انتخابات 1993م. وحاليا تعمل العديد من الفعاليات والهيئات النسائية على المطالبة بالكوتا عبر الندوات وحملات جمع التواقيع نذكر منها جهود مركز الأردن الجديد 1996م، واللجنة التنسيقية للمنظمات غير الحكومية التي جمعت أكثر من 15 ألف توقيع للمطالبة بنسبة لا تقل عن 20% من المقاعد للنساء في عام 1997م، والفعاليات النسائية والهيئات خلف(وثيقة المرأة الأردنية – برنامج المرحلة القادمة المقدمة إلى أعضاء مجلس الأمة 2003-2007م) المقدم لمجلس الأمة .

تجربة تنزانيا: 20% من المقاعد مخصصة للنساء في البرلمان، و25% لهن على المستوى البلدي .

تجربة المغرب: وفي المغرب، مؤخرا تم تخصيص 30 مقعدا في اللوائح الوطنية للنساء على الصعيد الوطني بالإضافة إلى حق النساء في المنافسة خارج اللوائح الوطنية، حيث إن النظام الانتخابي في المغرب يقوم على أساس التمثيل النسبي ولكن مع تقسيم البلاد إلى 92 دائرة انتخابية بمعدل (3-4) مقاعد لكل دائرة. وبهذا أصبح عدد النساء في البرلمان المغربي 35 سيدة أي ما نسبته 10,8 %

**تجارب لتحديد نسبة تشريعية للنساء

تجربة الهند: تخصص 33% من المقاعد في كل الهيئات المحلية المنتخبة والمجالس البلدية للنساء وفق التعديلات الدستورية رقم (73) ورقم (74) وعلى صعيد الكوتا للمجلس النيابي فقد تم تقديم طلب بتعديل دستوري (رقم 81) بتخصيص ثلث المقاعد في البرلمان للنساء في العام 1996م، ودعمته الأحزاب الرئيسية في برامجها وبياناتها، إلا إن الوثيقة لم تناقش لاختناقها بين الطلبات الكثيرة التي قدمتها الأقليات و الفئات الأقل حظا للتمثيل البرلماني لها أيضا، وتتأمل النساء

مناقشة وثيقتهن في البرلمان الحالي لتمثيلهن على مستوى البرلمان، يبلغ عدد النساء الهنديات 48 من بين 543 في المجلس النيابي الحالي المنتخب في عام 1999م بنسبة 8،8%، أما في المجلس المعين فبلغ العدد 22 من بين 242 بنسبة 9،1% في انتخابات عام 2000 م.

تجربة فرنسا: عدل الدستور الفرنسي في العام 1999م ليشجع فرص المشاركة السياسية للمرأة في كافة الهيئات المنتخبة بشكل مساو للرجل، وحملت الأحزاب السياسية مسؤولية تيسير مشاركة المرأة، وسمي هذا التعديل ب 'the parity reform' وفي عام 2000م صدر قانون انتخابي جديد يطبق التعديل الدستوري السابق (50 - 50%) في كافة الأنشطة الانتخابية وعلى كافة المستويات المحلية ومنها مجلس باريس و باقي البلديات والمستوى الوطني في البرلمان الفرنسي وانتخابات البرلمان الأوروبي وغيرها .

وحسب هذا القانون تعاقب الأحزاب السياسية التي لا تلتزم بالمناصفة في مرشحيها بتقليل نسبتها من المساعدات المالية الحكومية عند الانتخابات إذا تجاوز الفرق بين نسبتي النساء والرجال عن 2%. فالحزب الذي لديه النسب 49% إناث، و51% ذكور لا يعاقب، ولكن الحزب الذي لديه على سبيل المثال النسب 45% إناث و55% ذكور يعاقب ماليا، هذا وعلى صعيد الانتخابات المحلية لا تقبل قوائم الأحزاب التي لا تلتزم بنسب الكوتا المخصصة .

ثالثا- مستوى الأحزاب :

تدخل الكوتا السياسية على الأحزاب عن طريق :

1-فرض الحكومة على الأحزاب تضمين قوائمها نسبة معينة للنساء (30%) مثلا .

2-وضع كوتا طوعية تبادر بها الأحزاب، تتنوع في النسبة والتدرج حسب ظروف كل حزب، وتطبقها على مستوى التمثيل في الهيئات واللجان وقوائم الترشيح الانتخابات .

تجربة الأرجنتين: ينص الدستور الأرجنتيني في مادته 37 (2)، على ضمان مشاركة النساء السياسية بسن النظم والقوانين والإجراءات الايجابية فيما يخص عمل الأحزاب السياسية ونظام الانتخاب، أما المادة 75 (23) فتنص على منع القوانين اللاحقة من تخفيض نسبة الكوتا المخصصة للنساء.ففي عام 1991م صدر نظام انتخابي جديد يلزم الأحزاب السياسية بتمثيل النساء بنسبة 30% على الأقل على قوائمها الحزبية للانتخابات النيابية، كما صدرت قوانين جديدة حديثا تلزم الأحزاب السياسية في سائر المحافظات الـ 24 بأن تضع على رأس قائمتها مرشحين اثنين أحدهما امرأة والآخر رجل، وتعاقب الأحزاب غير الملتزمة بعدم تسجيلها لخوض العملية الانتخابية .

رابعا- الأنظمة الانتخابية:

يمكن إدخال نظام الكوتا غير المباشرة من خلال التعديل في قانون الانتخابات، واعتماد قانون التمثيل النسبي، ويعتمد هذا القانون على إعطاء الأحزاب نسبة معينة من عدد المقاعد مطابقة لنسبة الأصوات التي حصلت عليها، فإذا حصل الحزب على نسبة 15% من الأصوات فانه يأخذ نسبة 15% من المقاعد، وهكذا، ويمكن دمج هذا النظام مع نظام الكوتا النسائي القائم ليسهل وصول النساء وفق حجم الحزب، وهناك الكثير من النظم الانتخابية الأخرى التي يمكن الاختيار من بينها وفق ظروف ومصلحة كل بلد .

**أمثلة لأنظمة كوتا مطبقة في عدد من البلدان العربية والغربية

البلد مجال التطبيق طريقة التطبيق

فرنسا البرلمان والحكم المحلي تعديل دستوري وقانون انتخاب جديد

الأرجنتين البرلمان والحكم المحلي نصوص دستورية، وقانون انتخاب جديد

بنغلاديش البرلمان عبر كوتا نسائية متقطعة عملت حتى عام 2001م وهي متوقفة الآن، وتقوم جماعات الضغط النسائية حاليا لإرجاع الكوتا البرلمانية وزيادتها عن فترات التطبيق السابقة. الكوتا على المستوى المحلي مازالت قائمة .

الكوتا البرلمانية كانت وفق نصوص دستورية عملت لفترات معينة، أما الكوتا المحلية فأصدرت عبر التشريعات البرلمانية .

الهند على الصعيد المحلي فقط، والمطالبة جارية حاليا للتمثيل على الصعيد البرلماني تعديلات دستورية .

مصر النيابي سابقا، والعمل جار حاليا لسن التشريعات للمستوى النيابي مجددا نصوص دستورية مؤقتة وقانون انتخاب مؤقت .

المغرب البرلماني قانون انتخابي يخصص 30 مقعدا للنساء من بين 325 مقعدا برلمانيا ضمن اللوائح الوطنية للنساء، وتتنافس النساء مع الرجال على المقاعد الـ 295 المتبقية .

الأردن البرلماني، والعمل جار حاليا لسن التشريعات لتخصيص 20% من المقاعد على المستوى البرلماني للنساء عبر مجموعات الضغط النسائية قانون انتخابي سمي: القانون المعدل لقانون الانتخاب لمجلس النواب:خصصت فيه بموجب المادة (4) للنساء ست مقاعد من أصل 110 في المجلس النيابي، وهناك 12 مقعدا للمسيحيين والشركس .

جنوب أفريقيا البرلماني والمحلي والحزبي قانون انتخابي محلي في 1998م يشجع الأحزاب على تمثيل النساء بنسبة 50% على القوائم الانتخابية للمجالس المحلية .

بريطانيا كوتا على مستوى الأحزاب فقط تخصص بعض الأحزاب نسبة 30% على الأقل لكل من النساء والرجال، وتتبع نظام التبادل على القوائم في انتخابات معينة، أما حزب العمل في مقاطعتي سكوتلندا وويلز فيتبع نظام التوأمة عند التصويت، حيث لكل عضو في الحزب صوتان أحدهما لامرأة والآخر لرجل، ويفوز الرجل والمرأة اللذين يحققان أعلى الأصوات .

لبنان هناك كوتا طائفية في الدوائر الانتخابية، والفعاليات النسائية والمجلس النسائي اللبناني صاغت مسودة مشروع لتعديل قانون الانتخاب .

يحاول نائب مدينة بيروت مناقشة مسودة مشروع صاغه لتمثيل النساء في المجالس المحلية بنسب معينة وفق الكثافة السكانية في الدائرة .

في 2 مايو 2003م، حقق المجلس النيابي في مقاطعة ويلز Welsh assembly مناصفة تامة بين عدد كل من النواب الرجال والنساء، حيث بلغ عدد النواب من كل نوع 30 فردا .

**دور الأحزاب السياسية في دعم المشاركة السياسية للمرأة

تؤكد الدراسات أن للأحزاب الدور الأساسي في العمليات الانتخابية، فهي تعد بمثابة البوابات الموصلة للأفراد للمجالس التشريعية، ويؤثر خطابها وبرنامجها كثيرا في اختيار الناخبين، لذلك فعليها مسؤولية كبيرة عند تحديد قوائم المرشحين وعليها دعم النساء بجدية وقناعة، و تبين دراسات المقارنة في مجال تبني الأحزاب للكوتا النسائية، زيادة عدد النساء بشكل ملحوظ في أغلبها، وبشكل مذهل في بعضها الآخر، فمن بين 76 حزبا من أحزاب دول الاتحاد الأوروبي طبق 35 حزبا أي بنسبة 46% من الأحزاب، أنظمة الكوتا بنسب متفاوتة، وما زال 24 حزبا منها على الأقل محتفظا بها، وأوقف البعض الآخر العمل بالحصص لبلوغها الأهداف المرجوة أو لأسباب أخرى. ويرجع الباحثون الفضل في تطور المشاركة السياسية للمرأة في بريطانيا لسياسة الأحزاب التقدمية وتبنيها المفهوم والتطبيق بشكل واع، وكذلك الحال في أمريكا اللاتينية حيث طبقت العدد من الأحزاب السياسية نسبا للكوتا النسائية تتراوح بين 40% في كوستا ريكا و20 %في الإكوادور وبيرو، وبنما وفنزويلا وبوليفيا. ففي الإكوادور قفزت نسبة النساء في البرلمان من 4% الى 17,4% بعد التطبيق، ومن 14% إلى 4, 17% في المكسيك، ومن 12 %الى 16,1% في جمهورية الدومينيكان، وغيرها من دول الجوار .

أصبحت رواندا الأولى عالميا في عدد النساء البرلمانيات، بعد تحقيق نسبة 48,4% من تمثيل النساء في البرلمان في انتخابات سبتمبر 2003م بواقع 39 مقعدا من أصل 80 مقعدا برلمانيا، أما على مستوى مجلس الأعيان فقد حققت المرأة الرواندية نسبة ال 30 %بحصولها على 6 مقاعد من أصل 20 مقعدا وقد تحقق ذلك مؤخرا عبر الدستور الجديد الذي أقر نظام الكوتا للنساء وعليه تم تخصيص عدد 24 مقعدا على الأقل للنساء في المجلس النيابي و30% من المقاعد في مجلس الأعيان، وقد أقر هذا الدستور مؤخرا قبل نهاية حكم الحكومة الانتقالية التي استمرت لمدة تسعة أعوام .

**تجربة الأحزاب الاسكندنافية مع أنظمة الكوتا

الجدير بالذكر أنه لا توجد تشريعات أو قوانين ملزمة بالتمثيل النسائي في الحياة السياسية، ولكن الفضل يرجع الى مجموعات الضغط النسائية داخل الأحزاب بصفة مستمرة، والى الحركة النسائية بشكل عام. واستجابة لهذا الضغط حدث مايلي :

في النرويج: قرر حزب العمل النرويجي تمثيل كلا الجنسين بنسبة 40% على الأقل في سائر الانتخابات .

في الدنمارك: في فترة سابقة كان الحزب الدنمركي الاشتراكي الديموقراطي قد قرر، أحقية كلا الجنسين بالتمثيل على المستويين المحلي والإقليمي بنسبة لا تقل عن 40%، وعند عدم تحقق النسبة المطلوبة لأي من الجنسين يلغى العمل بالقرار، إلا انه ونظرا للملاحظات العديدة على القرار، بأنه يدفع قيادات الحزب للتكاسل في جذب الأعضاء النساء ألغي في عام 1996م، ولا تمتلك الدنمرك حاليا أي أنظمة للكوتا .

في السويد: قدم الحزب السويدي الاشتراكي الديمقراطي في عام 1994م مبدأ (الفرد التالي على القائمة امرأة every second on the list a) (woman)، بمعنى التناوب بين الرجال والنساء حسب الترتيب رجل، امرأة، رجل، امرأة، وهكذا لآخر القائمة .

ان الأحزاب ذات التوجهات الواحدة في البلدان المختلفة، تعمل بكوتات مختلفة قليلا عن بعضها البعض، فحزب العمل النرويجي يعتمد نسب الكوتا في سائر انتخاباته وبلا شروط، بينما حزب العمل الدانمركي يقصرها على الانتخابات المحلية والإقليمية فقط، وبشرط توفر نسبة 40% لكل من الجنسين، وغالبا ما تتبع الأحزاب نفس الكوتات داخليا عند انتخاب مجالس اداراتها ولجانها، وأثبتت التجربة الاسكندنافية ضرورة امتلاك الحزب رؤية واضحة وسياسة مكتوبة ومعلنة حول الكوتا منذ البداية، حتى تحقق هدفها في تواجد كادر نسائي قوي يمثلها في المستقبل .

وقد واجهت الأحزاب الاسكندنافية في البداية معضلات كبيرة نذكر منها المعضلتين التاليتين: عدم توفر العدد الكافي من النساء للترشيح للبرلمان، وصعوبة التضحية بمقعد لأحد قدامى الرفاق الخبراء لامرأة أقل خبرة. وهذا دفع الأحزاب للعمل بجدية لجذب النساء بنشاط، وحسنت برامجها لتكون أكثر حساسية لقضايا المرأة، إلا ان مسؤوليات المرأة الأسرية كانت وما زالت هما تتحمله النساء لوحدهن في كثير من الأحيان، ولا يواجهها الرجال في الأحزاب بتلك الدرجة .

وأما بالنسبة للمعضلة الثانية فقد ابتدعت الأحزاب حلولا كثيرة لحلها نذكر منها:زيادة حجم اللجان والهيئات الداخلية، لتستوعب النساء وقدامى الرفقاء، كما حدث في الحزب الدانمركي الاشتراكي الديموقراطي .

مع نهاية العام 2002م بلغت كل من السويد، الدنمرك، ايسلندا، النرويج، فنلندا، ألمانيا، هولندا، الأرجنتين، كوستا ريكا، جنوب أفريقيا، ولموزمبيق نسبة ال30 %لتمثيل النساء في البرلمان، عبر نظام الكوتا، وعلى الرغم من تلك النجاحات المحلية فان متوسط التمثيل النسائي في البرلمان عالميا للعام 2002م بلغ 14% فقط .

قام حزب العمل النرويجي بترتيب النساء والرجال على القائمة بطرق تضمن فوزهن، ولم يرق للرجال ذلك لأنهم كانوا عادة في مقدمة القائمة، ولكن بعد مرور ثلاث انتخابات تغيرت الاتجاهات وثبت نظام الكوتا، أما في السويد وفي انتخابات عام 1970 م، ونظرا لتركز الخبرة والمعرفة لدى الرجال، ثبت الحزب المواقع العشرة الأولى للرجال الخبراء، وتلتهم امرأة في الموقع الحادي عشر ثم رجل ثم امرأة وهكذا حتى نهاية القائمة، وفي العام 1973م اتبع الحزب نظام التبادل رجل، امرأة، رجل، امرأة، رجل، وهكذا من بداية القائمة .

في العام 1995م، أصبحت السويد أول بلد يتساوى فيه عدد الوزراء النساء والرجال الا ان النساء حاليا يشغلون نسبة 43% من المناصب الوزارية .

**كيف ندعم أنظمة الكوتا

ان الكوتات بمعزل عن العمل الجدي من قبل الناشطات في مجموعات التأثير النسائية، والخطط التنموية الشاملة للنهوض بالمرأة والسياسات التربوية المتطورة لن تجلب التقدم المطلوب وعليه ينبغي :

- امتلاك ثقافة سياسية عالية بين النساء حاملات لواء الحركة النسائية، وتصدرهن الساحة السياسية في ممارسة دائمة للعمل السياسي متخطيات أمور الإدارة العامة، حيث أن ثقافة ومدافعة هذه النساء والنساء عامة ثم المناصرين من الرجال هي الأداة الحتمية للتغيير الجذري في المجتمع .
- وجود سياسات حكومية ومؤسساتية وحزبية متكاملة، متوافقة وروح الاتفاقيات والممارسات الدولية، ومدعمة بالبرامج التشجيعية والإجراءات القانونية والطوعية التي توفر الفرص للنساء في المشاريع والمسؤوليات الكبرى في القرار السياسي والاقتصادي والتجاري وغيرها، فلا ينفع تطبيق كوتا عمودية في قطاع ما، وتجاهلها أفقيا في سائر القطاعات التنموية .
- خلق Lobby لوبي نسائي، يعمم مفهوم الكوتا ويحاور الجهات المعنية ويحضر الأرضية والمناخ لاستيعابها، ويدرس المعطيات وجهوزية القبول على الأرض،

ويتقدم بالمقترحات الواقعية المقبولة بعد دراسة التجارب العالمية، خاصة تجارب الدول النامية، حتى تكون الخطط على مقاسنا وتبعا للمعطيات الميدانية .

نماذج تطبيقية:

المشاركة السياسية للمرأة الاردنية :

إن دراسة الأوضاع السياسية للمرأة الأردنية يقودنا بالضرورة الى مناقشة عدد من المفاهيم منها مثلا المساواة وعدمها , والتجانس وعدمه في جميع الجوانب الاجتماعية والاقتصادية للرجل والمرأة , لأن موقع المرأة ومشاركتها في الحياة السياسية يعتبران – بشكل عام- من أهم المؤشرات لمكانتها في المجتمع , والمساواة بين الرجل والمرأة تعني: تشابه العلاقة في كل مناحي الحياة الاقتصادية كالثروة الاقتصادية العمل) والاجتماعية والسياسية.

وإننا عندما نتكلم عن مشاركة المرأة السياسية, فإننا نتكلم عنها في ظروف اجتماعية واقتصادية وسياسية مستجدة على المجتمع الأردني, وبخاصة منذ عام 1989 الذي شهد تدريجيا عودة الحياة الديمقراطية هو أعادة الانتخابات التشريعية, والسماح بالعمل الحزبي العلني من خلال ترخيص الأحزاب. وعلى صعيد الممارسة, فأن هذا يعني أن المواطن الأردني (ذكرا كان أم أنثى) أصبح له الحق في الانتخاب والتصويت بحرية, والترشيح للمجالس التشريعية المحلية منها والوطنية, وممارسة العمل السياسي الحزبي أيضا من خلال الانضمام للأحزاب والمشاركة في نشاطاتها المختلفة .

ولمعرفة الأسباب التي تؤدي الى تدني مشاركة المرأة في الحياة العامة بشكل عام, وتدني مشاركتها في الحياة السياسية بشكل خاص في المجتمع الأردني كأحد البلدان العربية وبلدان العالم الثالث, فإنه يجب النظر الى بعض العوامل المهمة على صعيد حركة المجتمـع.

وهي: التنمية الاقتصادية, ودور الدولة, والتنشئة الاجتماعية, والثقافة.

فالمرأة تواجه في المجتمعات المحلية ذات الموارد المحدودة صعوبات واضحة في المطالبة بحقوقها واستحقاقها, وهذا يحرمها من التعبير عن آرائها وممارسة خيارتها, وهذه من الأمور الأساسية لكرامة الأنسان. وبشكل التمييز على مستوى الأسرة والمجتمع المحلي عقبة أضافية أمام التنمية العادلة, وينبغي التصدي له كأولوية, ولايمكن تحقيق التنمية المستدامة في الأردن دون مشاركة كاملة وفعالة من قبل النساء.

وتكمن أهمية مشاركة المرأة السياسية في المستويات المختلفة, بصفة عامة سواء في الأردن أو في غيرها من البلدان العربية أو الغربية, لما لمراكز القوة هذه والسلطة من تاثير على حياة المرأة. فهي أن وجدت بشكل فعال في هذه المواقع، فسوف تستطيع ان تحقق المصالح المرتبطة بها، وإبراز قضاياها، والدفاع عن حقوقها، والتسريع في إعطائها دور حقيقي في عملية التنمية في المجتمع بشكل عام .ويجب ألا يُفهّم وجود المرأة في هذه المواقع بأنه يخدم النساء فقط، ولكنه سوف يكون له تأثير أكبر على جوانب المجتمع كافة .

وللتدليل على صحة هذا الرأي، فإننا نشير إلى انتباه القيادات والحكومات الأردنية المتعاقبة بأهمية قضية المشاركة النسائية في الحياة العامة والسياسية في الاردن. فقد مُنِحت المرأة حق الانتخاب والترشيح للبرلمان في عام 1974، وذلك بموجب تعديلٍ طرأ على قانون الانتخاب السائد في تلك الفترة بمبادرة الملك الراحل حسين بن طلال، كما مُنِحت المرأة حق الترشيح للانتخاب والانتخابات على مستوى البلديات في عام 1992 بموجب تعديل طرأ على قانون الانتخابات. وبرغم ذلك فقد حققت المرأة تقدما دون مستوى الطموح في مجال المشاركة في مؤسسات المجتمع المختلفة وفي اتخاذ القرار في مختلف مجالات الحياة، كالتحكم في الموارد الاقتصادية والحقوق القانونية وغيرها من المجالات .

وعلى الرغم من التطور الكبير الذي شهدته التشريعات المتعلقة بالمرأة في الآونة الاخيرة، وزيادة مشاركتها في مناحي الحياة السياسية والاقتصادية، إلا أن مشاركتها لا تزال دون المستوى المطلوب، فلقد حققت المرأة في الدول العربية تقدما

ملحوظا في مشاركتها في صنع القرار السياسي على الاخص ،إلا أن الفجوة ما تزال كبيرة بين حجم وفاعلية دورها الاقتصادي والاجتماعي من ناحية، ودورها في الحياة السياسية من ناحية أخرى. كما أن البرامج الرامية إلى إدماج المرأة ضمن عملية التنمية لم تؤد إلى إشراكها فعليًا وعلى نطاق واسع في مجالات التنمية المختلفة. ولقد بُذِلت جهود حثيثة في الاردن في السنوات الماضية اتشجيع المرأة وتمكينها من الانخراط في الحياة السياسية والبرلمانية وإشغال مناصب قيادية .

ولا يعني مصطلح المشاركة السياسية هو الذهاب للأدلاء بالصوت في عمليات الاقتراع النيابية وحسب، بما يحلو للبعض أن يمن على المرأة بإعطائها هذا الحق، وإنما يندرج تحت هذا المفهوم من الحقوق والأنشطة والممارسات بما في ذلك حق المرأة في التصويت والترشيح وممارستها لذلك في إطار جميع العمليات الانتخابية للبرلمان، والنقابات المهنية والمجالس الإدارية للمؤسسات والحكم المحلي والاتحادات، وغيرها من هيئات التمثيل والتوجيه في المجالات الإدارية والتنظيمية، وذلك على قدم المساواة مع الرجل وبدون اي شكل من اشكال التمييز والتحيز. ويرتبط بعملية المشاركة السياسية ذاتها إعداد المرأة وتدريبها وإتاحة الفرص لها، وتدعيم ثقتها بإمكاناتها وقدراتها لتضطلع بأعمال المشاركة فعليا بكفاءة واقتدار جنبا الى جنب مع الرجل، وبمساواة حقيقية في جميع مجالات التعيين والترشيح والترقي .

غير أن هناك بعض المؤشرات في بعض المجتمعات المحلية على أن التغير الذي طرأ على ادوار المرأة الاقتصادية واختلاطها بالعالم خارج الاسرة يؤديان إلى التغير في الاتجاهات وأنماط السلوك، ما يؤثر بدوره على موقع النساء الاستراتيجي في الاسرة وفي المجتمع المحلي. وقد تركت حملات التوعية في معظم المجتمعات المحلية المدروسة آثارها على المستوى المحلي، وبدأت النساء بإعلان آرائهن واتخاذ المواقف والإجراءات. وتجلت معالم التغير الأكثر إيجابية في المجتمعات المحلية التي انفتحت أمامها فرص جديدة .

ولعل الهدف من التأكيد على هذا المحور كأولوية هو توسيع مشاركة المرأة في عمليات صنع واتخاذ القرارات، وفي مختلف المجالات، ابتداء من المشاركة السياسية وتضمين عدد من المشاريع الموسعة التي تجمع بين التنفيذ والتوعية في آن واحد. كما يهدف هذا المحور إلى مشاركة النساء في وضع لاالخطط والسياسات وإدماج وجهات نظرهن وآرائهن واحتياجاتهن وأخذها بالاعتبار ؛ ليكنّ على وعي ومعرفة بمحتوى الخطط والسياسات والقرارات وآثارها عليهن وعلى حياتهن، وبالتالي يكنّ أكثر تحفزا واقتناعا بتنفيذها، والعمل على إنجاحها وتحقيق الأهداف المرجوة منها .

من هنا نؤكد أن للمرأة في الاردن – بل وفي كافة المجتمعات – حقا وواجبا في المشاركة في تنمية البلاد سياسيا واقتصاديا واجتماعيا، فلا بد من الدعوة الى توفير بيئة داعمة تستطيع فيها المرأة أن تكون شريكا كاملا في التنمية الوطنية. ولتحقيق ذلك على الصعيدين الوطني والمحلي، فإن على مؤسسات المجتمع المدني ألا تقصر تفكيرها على الاحتياجات العملية المرتبطة بالنوع الاجتماعي مثل الوصول إلى التعليم والصحة، بل ينبغي أن تتعداها إلى معالجة احتياجات المرأة الاستراتيجية المرتبطة بالنوع الاجتماعي، وسيتطلب ذلك تدارسا عميقا للقضايا التي تتعلق بالحقوق وقضايا السلطة والخضوع وتقسيم السلطة. وتتمثل هذه القضايا - بشكل غير مباشر -في الهموم اليومية المرتبطة بالنوع الاجتماعي للنساء الفقيرات .

المرأة تحت قبة البرلمان الاردني :

على الرغم من أن حقوق المرأة في الانتخاب والترشيح قد حُفِظت منذ زمن بعيد من قِبل الدستور الاردني وصادقت عليه القوانين الوطنية ،إلا أن الممارسة الحقيقية لتلك الحقوق لم تبدأ في حال مجلس النواب إلا مع عودة الحياة النيابية في عام 1984 التي كانت قد توقفت نتيجة احتلال الضفة الغربية في عام 1967 والتي بدأت آثارها في الانقشاع في الثمانينات. وقد شاركت النساء لأول مرة في الانتخابات التكميلية كناخبات، إلا أن المرأة لم تحاول خوض المعركة النيابية كمرشحة إلا

في عام 1989، ومن ثَمَّ في انتخابات 1993، 1997، 2003. وعلى الرغم من هذه المشاركة إلا أن نسبة المرشحات كانت متدنية، حيث بلغت 7%من مجموع المرشحين للانتخابات النيابية في عام 2003، وذلك طبقا للجدول التالي :

فجوة النوع الاجتماعي	السنة	رجال	نساء	نسبة النساء%
0.96	1989	635	12	1.9
0.99	1993	531	3	0.6
0.94	1997	544	17	3.1
0.86	2003	765	54	7.1

من الجدول السابق يتضح تذبذب الإقبال على الترشيح من قِبل النساء إلا أن هذا يمنع القول بأن نسب الاقتراع لدى الإناث لم تكن منخفضة على إطلاقها، إذ حققت النسب ارتفاعا ملموسا بمرور الدورات الانتخابية، بل وتعدت في بعض الدوائر الانتخابية نسب مشاركة الرجال، كما شكلت النساء 52% من نسبة المُسجَّلين للأقتراع لأنتخابات 2003.

وتشير بعض البيانات إلى أن النساء قد حققت بعض التقدم في المشاركة السياسية من خلال تمثيلهن كأعضاء في مجلس الأمة بشقيه(الأعيان والنواب) خلال الفترة من 1989 إلى 2003، وذلك وفقا لما يبينه الجدول التالي :

المجلس	1989		1993		1997		2003	
	رجال	نساء	رجال	نساء	رجال	نساء	رجال	نساء
الاعيان	39	1	38	2	37	3	34	3
النواب	80	0	79	1	80	0	104	6

نظام الحصص الانتخابية (الكوتا Quota) :

قانون الانتخاب لمجلس النواب المؤقت رقم (34) لسنة 2001 عاد وأقر الكوتا للعرق والدين، بعدما كان قد ألغي بسبب اعتراض البعض على هذا النظام بدعوى عدم دستورية تخصيص مقاعد لفئة معينة دون أخرى. وقد خصص هذا القانون مقاعد للشركس والشيشان والمسيحيين.

ويفسر البعض ممن يحتجون بعدم دستورية هذا القانون بأن نظام الكوتا تم وضعه للأقليات والمرأة ليست أقلية. بيد أن البعض الآخر يرى المرأة وإن كانت ليست أقلية من الناحية العددية، إلا لأنها أقلية سياسية وتعيش ضمن مفهوم الموروث الاجتماعي الذي لا زال يميزالرجل عن المرأة. فالرجل هو الذي يتصدى للعمل السياسي، والرجل هو الذي يتصدى للعمل النقابي، والرجل هو السيد في كل شيء في الوقت الذي فقدت فيه المرأة أهم العوامل التي كان من الممكن أن تدفع بعدد من السيدات إلى قبة البرلمان والمشاركة في الحياة السياسية .

مما سبق يتضح أن عدم تفهم المجتمع بشكل كامل لدور المرأة كشريك أساسي في عملية تطور المجتمع، وكذلك الفهم التقليدي لدور المرأة في المجتمع ما يزال واضحا، الأمر الذي يدعو للعمل أكثر وبجد .

إلا أنه وبعد طرح شعار (الاردن اولا) شكلت لجان بتكليف من الملك عبد اللـه بن الحسين وكانت إحدى هذه اللجان مُكلَّفة بدراسة عن كيفية تمثيل المرأة في مجلس النواب. وقد اجتمعت هذه اللجنة وتوصلت بعد دراسة كافية بتخصيص ثمانية مقاعد للمرأة، على أن لا تُحسَب هذه لمقاعد من العدد المقرر لعدد النواب وهو مائة وأربعة مقاعد، بحيث يكون عدد أعضاء مجلس النواب مائة واثني عشر مقعدا، وأن يكون اختيار هذه المقاعد على أساس حساب النسبة بحيث يتم عدد المقترعين في الدائرة الانتخابية .ويقارن مع عدد الاصوات التي حصلت عليها السيدة في دائرة انتخابية واحدة مع النسبة التي حصلت عليها. وعلى ضوء ذلك يتم اختيار الفائزات الثمانية مع بقاء حق السيدات قائم في المنافسة على المقاعد الرئيسية .

وبعد ان عرضت اللجنة تقريرها إلى رئاسة الوزراء، قرر مجلس الوزراء تخفيض العدد إلى ست مقاعد فقط. ومهما يكن من شيء فإن ما حصل كان نتيجة جهاد طويل للمرأة الأردنية، وهذه خطوة يجب المحافظة عليها، ويجب أن نفهم أمرا هام وهو أن المرأة أينما وُجِدت فهي تمثل قضية المرأة بغض النظر عن دائرتها الانتخابية .

إيجابيات وجود المرأة في البرلمان :

1) يعكس تمكين المرأة من الوصول صورة إيجابية عن التجربة الديمقراطية في الدول الانتقالية .

2) يساهم تمثيل القطاع النسائي في البرلمان في تغيير نظرة الجمهور والرأي العام في المجتمعات المحافظة بصورة تدريجية لدور المرأة في الحياة العامة.

3) تحفز مشاركة النساء في البرلمان من اهتمام المرأة بالأنشطة العامة في المجتمع وتهيئة نفسها لممارستها .

1-المرأة في المجالس البلدية الأردنية:

تعتبر المجالس البلدية مؤسسات خدمية تهدف إلى توفير الخدمات المجتمعية داخل التجمعات السكانية المختلفة .ويعني دخول المرأة إلى هذه المجالس مشاركة في اتخاذ القرارات المتعلقة بشؤون المجتمع الخدمية. ولم يكن للمرأة أي تمثيل حتى عام 1995، حيث ترشحت خمس عشرة امرأة نجحت منهن عشرة نساء واحدة كرئيسة لمجلس بلدي. وتشير المؤشرات إلى عزوف النساء عموما عن خوض الانتخابات البلدية، فالنساء أقل حماسا نحو المشاركة في المجالس البلدية بالمقارنة بالانتخابات النيابية .

وقد يؤدي انعدام وجود المرأة في المجالس المحلية، وضعف وجودها في البرلمان، إلى إضعاف دورها كناخبة، بسبب ضعف دورها كمرشحة، وهذا قد يعني أن الحقوق السياسية التي منحت للمرأة بموجب الدستور قد لا تكون ذات

أهمية كبيرة، لأنها تعبر عن ثقل المرأة من الناحية العددية وليس بالضرورة من الناحية النوعية .

وعلى العموم فإن مشاركة المرأة في الانتخابات البلدية كمرشحة هو أمر في غاية الأهمية للنساء حتى ولو لم يحالف الحظ كافة المرشحات، حيث إن المشاركة ستعزز الوعي لدى النساء بقضايا المجتمع، ومحاولتهن المساهمة في القرارات المتعلقة بهذه القضايا .

ولزيادة مشاركة المرأة والرجل وتفعيل دورهما المجتمعي، لجأت الحكومة إلى تعيين عدد من النساء والرجال في المجالس البلدية المختلفة .

2-المرأة والأحزاب السياسية الأردنية :

إن التعرض لموقع المرأة السياسي في الاردن لا يكتمل إلا إذا نظرنا إلى دور المرأة في الأحزاب السياسية. ومما لا شك فيه أن المرأة الأردنية قد انخرطت في العمل السياسي الحزبي في الفترات السابقة سواء أكان في الفترة الماضية عندما كان نشاط الأحزاب محظورا أو في الفترة العلنية الحالية. ولا بد أن نشير هنا إلى أن دور المرأة في العمل الحزبي، وبخاصة في الفترة التي لم تكن الأحزاب فيها مُرخَّصة، كان دورا ضئيلا ؛ نظرا للظروف الصعبة التي يتطلبها العمل الحزبي كالعمل مع الرجال، والبقاء خارج البيت لفترات طويلة. والقضية الأخرى التي يجب التنويه إليها هي أن الإقبال على الانضمام للأحزاب السياسية أو المشاركة في النشاطات السياسية غير التقليدية هو قليل لدى المجتمع بشكل عام رجالا ونساء .

وفيما يتصل بالمشاركة النسائية في حركات تأسيس الأحزاب، فتشير البيانات إلى أن النساء شاركن في الهيئات التأسيسية لما مجموعه 28 حزبا من المجموع الكلي للاحزاب (31حزبا)، وبلغت نسبتهن من المجموع الكلي لأعضاء الهيئات التأسيسية للأحزاب حوالي 7%، وهذا موضح في الجدول التالي :

الحزب	رجال	نساء	المجموع	نسبة النساء %
البعث العربي الاشتراكي الأردني	75	0	75	0
الشعب الديمقراطي الأردني	88	12	100	0،12
المستقبل	165	4	169	2،5
الوحدة الشعبية الديمقراطية	89	5	94	5،3
الشيوعي الأردني	66	5	71	7،0
جبهة العمل الإسلامي	301	11	312	3،5
التقدمي	56	5	61	8،5
البعث العربي التقدمي	76	0	76	0
الحركة العربية الإسلامية الديمقراطية "دعاء"	61	11	72	15،3
الاحرار	52	53	1،5	50،5
الأمة	57	2	59	3،4
الأنصارالعربي الأردني	97	6	105	7،1
السلام الأردني	90	16	106	15،1
حركة لجان الشعب الأردني	61	4	65	6،2
الرفاه الأردني	39	14	53	26،4
الوسط الإسلامي	115	7	122	5،7
النهضة الأردنية	218	18	226	7،6
الفجر الجديد العربي الأردني	70	0	70	0
الأجيال الاردني	56	4	60	6،7

الخضر الأردني	53	4	57	7،0
الشغيلة الشيوعي الأردني	48	5	53	9،4
حركة حقوق المواطن الأردنية " حماة"	51	2	53	3،8
الحركة القومية الديمقراطية الشعبية	55	8	63	12،7
العمل الأردني	60	4	64	6،3
الأرض العربية	63	4	67	6،0
العمل القومي " حق"	65	1	66	1،5
الجبهة الأردنية العربية الدستورية	62	3	65	4،6
اليسار الديمقراطي الأردني	276	1	277	0،4
الوطني الدستوري	909	41	950	4،3
العربي الأردني	43	9	52	17،3
الرسالة	52	10	62	16،1
المجموع	3538	269	3807	7،1

من قراءتنا للجدول السابق نستنتج أنه ما زال دور المرأة في البرلمان الأردني يحتاج لدعم، فبالرغم من صعوبة الوصول إلى أرقام مُحدَّدة وحقيقية حول نسبة مشاركة المرأة في عضوية الأحزاب الأردنية ،إلا أن المؤشرات تؤكد أن مشاركة الرجل في العمل الحزبي - وبعد مرور نحو 15 عاما على استئناف المسيرة الديمقراطية والتعددية السياسية -ما زالت أضعاف مشاركة المرأة، حيث لا تتعدى نسبة تمثيلها 2،5%.

وقد شهدت مشاركة المرأة في الأحزاب السياسية مدّاوجزرا. ففي سنوات المد الوطني ازدهر النضال الوطني ،وانخرطت المرأة في الأحزاب والتجمعات والحركات السياسية التي شهدها الأردن . أما في فترات الجزر حين حُلّت الأحزاب السياسية، وتم حظر نشاطها تحت طائلة العقوبات فقد ضعف النشاط السياسي للمرأة بشكل مؤسف. وتكفي التجربة المريرة للمرأة في العمل الحزبي التي تركت

آثارها السلبية في مرحلة العمل الحزبي العلني بعد ترخيص الأحزاب عام 1993/1992. إذ أن مشاركتها جاءت محدودة جداً وضعيفة ،فكانت نسبة مشاركة المرأة في الهيئات التأسيسية للأحزاب عند تشكيلها لا تتجاوز 6،5%، وبعد حوالي ثلاث سنوات، وفي استطلاع جرى في أواخر عام 1996، أشار إلى أن نسبة مشاركتها في الهيئات القيادية لا تزيد عن 3%.

بالإضافة إلى هذا وذاك، فإنه إذا نظرنا إلى المستوى الأعلى في الأحزاب السياسية الأردنية وهو " منصب الأمين العام "، فإننا نجد بأن كل الأمناء العموم لهذه الأحزاب هم من الذكور. ومن ثَمَّ نستطيع القول إنه كلما تدرجنا إلى الأعلى في مواقع صنع القرار في الأحزاب -كما هو الحال في المجتمع - كلما قلت نسبة النساء أو انعدمت كلياً، كما أن غالبية الأحزاب السياسية المُرخَّصة في الأردن لا تعالج قضية المرأة بشكل جدي وفعال ومستقل في برامجها ،والإشارة لقضية المرأة لا تتعدى مرحلة الشعارات غير النابعة من معرفة حقيقة لواقع المرأة ،إما لأسباب أيديولوجية، أو لأسباب تعود لطبيعة الوضع السياسي في المراحل السابقة عندما كانت قضية المرأة تُعالَج كجزء من مسائل التحرر الوطني، وأدى هذا إلى عدم اعتبار قضايا المرأة مسألة مركزية، وإنما احتلت دورا هامشيا .

فأنخراط المرأة في الحياة الحزبية الأردنية ما زال غير كافٍ، ونجد أنه عبر التاريخ لم يكن للمرأة أي نشاط سياسي منظم أو ملحوظ حتى العقود القليلة الأخيرة من القرن الحالي ؛ وذلك بسبب العادات والتقاليد التي خصت الرجل بالسياسة، إلا أنه ومع تطور مكانة المرأة ازدادت مطالبها بحقوقها السياسية، مما حدا بالحكومة الاردنية عام 1974إلى إصدار قانون معدل لقانون انتخاب مجلس النواب ينص على إعطاء المرأة حق الأنتخاب والترشيح .

وأجمع عدد من الفعاليات في لقاءات مع وكالة الأنباء الأردنية على ضعف التجربة النسائية في العمل الحزبي بشكل عام ما عدا بعض الاستثناءات التي يصعب القياس عليها كحالة عامة، ولا يوجد مبرر لهذا الضعف خاصة في ظل الدعم المطلق من القيادة السياسية للنهوض بواقع المرأة، وضرورة إشراكها على قدم المساواة في

التنمية السياسية. وفي بعض من تلك الفعاليات أوضح العديد من المتخصصين في الجامعات الأردنية والمهتمين بمسائل المرأة أن المحصلة النهائية تشير إلى محدودية مساهمة الأحزاب في الحياة السياسية العامة، ناهيك عن خصوصية دور المرأة الذي وصف حضورها الحزبي بالحضور الرمزي من قبيل لزوم ما يلزم، وليس دليلا واضحا على رغبة حقيقية أو فرصة حقيقية للكفاح السياسي .

وكانت أحزاب اليسار - كما يصفها الشارع السياسي في الأردن - من أولى الأحزاب التي أولت عناية خاصة بالمرأة وأدخلتها معترك الحياة السياسية، وهناك من بين رموز العمل السياسي اليساري من النساء ممن يشهد لهن النضال السياسي بالصلابة والالتزام .

ويعزى ضعف التمثيل السياسي للمرأة في الأردن إلى مجموعة من العوامل بعضها متعلق بالثقافة المجتمعية التقليدية التي لا تزال ترى المرأة في إطار أدوارها التقليدية فقط، وبعضها الآخر مرتبط بالمرأة ذاتها من خلال ضعف الإمكانات المادية للمرأة وضعف خبرتها السياسية، وبعضها الثالث رسمي مثل المناخ السياسي العام الذي ساد خلال العقود الاخيرة ومنها حل الأحزاب السياسية وتحريم نشاطها، وبعضها الآخر يعد مؤسسياً، حيث تُحرَم النساء العديد من الاصوات بسبب نظام الصوت الواحد، فيعتقد الكثير من المراقبين أن فرصة حقيقية للنساء قد تكون ضمن الصوت الثاني أو الثالث وليس الأول الذي يُمنَح غالبا لمرشح فرص فوزه قوية وإمكانياته متوفرة .

من جانب آخر أقرت النائبة حياة المسيمي -وهي المرأة الوحيدة التي وصلت إلى قبة البرلمان عن طريق الحزب -بأن ضعف التجربة النسائية يعود ايضا في أحد أسبابه إلى ضعف العمل الحزبي بشكل عام، مشيرة إلى أن الجزء الأكبر من الأحزاب الأردنية المرخصة غير فاعلة أصلا على الساحة السياسية. ناهيك عن أنه في حال مناداة الحزب بالمساواة الكاملة بين النساء والرجال، لا توجد أية خطة برامجية أو أنجازات تبين كيف سيعمل أو كيف عمل الحزب على تحقيق هذه المساواة، كما أن بعض المفاهيم الخاصة بالعمل الحزبي ما زالت مرتبطة بزمن الأحكام

العرفية، وهذا يؤثر في حس الناس وانتمائهم للأحزاب. قالت إن العلاقة بين الأحزاب والجهات الرسمية ما زالت جدلية خاصة أحزاب المعارضة، ورأت انه لا بد أن يرافق القانون إجراءات تعزيزية من شأنها تغيير الصورة النمطية للأحزاب في أذهان الناس .

وقد بينت إحدى الدراسات التي أجريت عن أهم أسباب عدم وصول المرأة للبرلمان أربعة أسباب رئيسة وهي :

نظرة المجتمع لدور المرأة (30،8%)، عدم توافر المؤهلات الواجب توافرها في المرشحة (20،1%)، العشائرية والمفهوم الخاطىء لنظرة الدين للنائب المرأة (15،7%)، وعدم توفر القدرة لدى المرشحة على قيادة الحملة الانتخابية مادياً ومعنوياً (15%) .

ويرى البعض أن هناك بعض الإجراءات التي قد تزيد من فعالية المرأة في الأحزاب، منها قيام العضوية النسوية في الأحزاب بتحرك وتنظيم رسمي ومؤثر داخل الأطر الحزبية، وترجمة قضية مشاركة المرأة في البرامج الحزبية. كما أنه لا بد لأي حزب يرغب فعلياً في تمكين عضويته النسائية وزيادتها من إجراء تحليل نوع اجتماعي داخلي، ووضع خطة عمل لدمج منظور النوع الاجتماعي في أطر وخطاب وعمل الحزب .

الدور الرسمي والشعبي في دعم المشاركة السياسية للمرأة:

إن مشاركة المرأة الأردنية في الحياة العامة تعكس مدى تقدم المجتمع ونهضته في المجالات السياسية والأجتماعية وا\الأقتصادية والثقافية. وقد تنبه الشارع الأردني إلى هذه القضية -وإن جاء متأخرا- وأهميتها، فقد منح الدستور الاردني المرأة حق الانتخاب والترشيح في مطلع عقد السبعينات في القرن الماضي، كما صدر قانون الانتخاب المؤقت رقم (34) لسنة 2001 بما يحويه من مواد قانونية تتعلق بالترشيح لعضوية مجلس النواب الواجب توافرها في المرشح، وحق المرأة في الترشيح والمؤهلات المطلوبة ليكون للشخص الحق في الانتخاب وغير ذلك من المواد المتصلة بتنظيم شؤون الحياة السياسية والنيابية دون تمييز أو تفرقة كما كان الحال في السابق.

وساعد وجود التنظيمات النسائية وعودة الحياة البرلمانية على دعم المرأة للمشاركة في الحياة السياسية وتحقيق تطلعاتها نحو حياة أفضل، حيث إن دور المرأة ضرورة لإدامة التجربة الديمقراطية هو عامل هام في التنمية السياسية .

ومن ناحية أخرى صادقت المملكة الأردنية الهاشمية على اتفاقية القضاء على جميع أشكال التمييز ضد المرأة في يوليو 1992 بما في ذلك التمييز ضدها فيما يتعلق بحرمانها من حق المشاركة في الحياة السياسية بمختلف أوجهها، وقدمت تقريرها الأول الذي يغطي السنة الأولى من بدء نفاذ الاتفاقية، وكذا التقرير الثاني الذي يغطي الفترة تموز/ يوليو 1993 لغاية يوليو 1997، وذلك بموجب المادة (18) الفقرة (ب) من الاتفاقية .

وأعترافا من الحكومة الأردنية بأهمية المشاركة السياسية للمرأة، سواء أكان في المناصب المعينة أم المنتخبة وعلى المستويات المحلية أو الوطنية كافة، فقد أولت الاستراتيجية الوطنية للمرأة محورا خاصاً بمشاركة المرأة السياسية ينص على دعم هذه المشاركة وعلى توعية المرأة والمجتمع ككل بأهمية هذه المشاركة .

وقد شرعت الحكومة الأردنية في ترسيخ مبادىء المساواة في الحقوق والواجبات في مناهج التربية والتعليم للطلبة ؛ من أجل غرس تلك القيم في عقولهم وتنشئة جيل جديد واعٍ بأهمية إشراك نصف المجتمع في كافة قضايا الحياة العامة بما يخدم الصالح العام للدولة والمواطنين. وتستند فلسفة التربية والتعليم في الأردن على ثلاثة أسس رئيسة هي: (الأسس الفكرية والأسس الوطنية والقومية والإنسانية، والأسس الاجتماعية. وتتضمن الأسس الاجتماعية ستة بنود، من بين ما تؤكد عليه تلك البنود (هـ) المشاركة السياسية والاجتماعية في إطار النظام الديمقراطي حق للفرد وواجب عليه إزاء مجتمعه).

وفي تفاعل واضح بين الجهات الرسمية والشعبية فيما يتصل بقضية الحقوق السياسية للمرأة في الأردن، فقد قام تجمع لجان المرأة بالتعاون مع اللجنة الوطنية لشؤون المرأة بوضع دليل يهدف إلى تعريف المرأة الأدرنية – كناخبة ومرشحة- بأهم مواد قانون الأنتخاب التي لها علاقة مباشرة بها، وتوعيتها بالعملية الانتخابية

وإكسابها القدرة على معرفة مواد القانون معرفة عميقة، والتغلب على أي صعوبات تواجهها وتمكينها من مواد قانون الانتخاب سواء في عمليات الترشيح أو الحملات الانتخابية، وأشتمل هذا الدليل على البنود التالية :

أ- المرأة الأردنية والحياة السياسية :

تشمل الحياة السياسية الترشيح والانتخاب والوصول إلى المناصب السياسية العليا الصانعة للقرار والمؤثرة في صنعه والانتماء للأحزاب السياسية، والمشاركة في قيادة العمل الاجتماعي، وبهذا المفهوم فإننا نتحدث عن ظروف اقتصادية واجتماعية وثقافية وسياسية، وتداخل هذه الظروف وتأثيرها على المشاركة السياسية للمرأة الأردنية في الحياة العامة. وتجدر الإشارة إلى إن هناك مجموعة من العوامل الإيجابية التي أدت إلى تعزيز مكانة المرأة في الحياة السياسية وضرورة مشاركتها في العمل العام، فصدور التشريعات التي حققت المساواة من الناحيتين الدستورية والقانونية والتي تتضمن قانون الانتخاب، بالإضافة إلى عوامل داخلية وخارجية ساعدت على توعية المرأة بدورها السياسي وحقوقها كالنهضة التعليمية ومشاركتها في مؤسسات المجتمع المدني واندماجها في عملية التنمية الاقتصادية والاجتماعية .

وكانت الامينة العامة لمنظمة العفو الدولية قد التقت في مارس / آذار الملك عبد الله بن الحسين، وأثارت بواعث القلق بشأن التعديلات التي أُدخلت على المادة رقم (150) من قانون العقوبات بعد حل البرلمان في عام 2001، وهي التعديلات التي تنتقص من الحق في حرية التعبير. وقد تعهد الملك ببحث الموضوع. وفي إبريل/نيسان، أُلغيت التعديلات على المادة رقم (150) بموجب مرسوم من مجلس الوزراء .

وأُعيد تشكيل البرلمان عقب الانتخابات العامة التي أجريت في يونيو/حزيران، وأُقر تشكيل حكومة جديدة .واستُحدث نظام جديد لتخصيص بعض مقاعد البرلمان، يتيح لست سيدات، ممن نلن أعلى الأصوات في الانتخابات، وأن يحصلن على مقاعد في البرلمان .

وعلى صعيد المشاركة في صنع القرار من خلال تولي مناصب حكومية مختلفة، فتعود مشاركة المرأة السياسية إلى عام 1978، حيث تم تعيين 9 سيدات في الهيئة الاستشارية الوطنية، وتعيين أول وزيرة في عام 1979. وضمن ما أصبح على شكل عادة عند تشكيل الحكومات استلمت النساء حقيبة وزارية منذ ذلك التاريخ فيما يقارب كل حكومة .

وتشغل النساء اليوم 3 حقائب وزارية .

وعلى صعيد التعيين على مستوى مناصب حكومية رفيعة، فقد جاءت المشاركة النسائية في الحقائب الدبلوماسية التي كانت حتى عهد قريب مقصورة فقط على الرجال، حيث تم تعيين سفيرتين في مطلع الألفية، وذلك لأول مرة في التاريخ الدبلوماسي الأردني. كما شهد عدد الدبلوماسيات ضمن كادر وزارة الخارجية ارتفاعا ملموسا، إذ تشكل النساء (17 في المائة) من الكادر الدبلوماسي الأردني، وهذا تطور ملحوظ قياسا للعقود السابقة. كما ارتفعت نسبة الإناث في السلك القضائي إلى (6.8 في المائة).

ب- مشاركة المرأة في المجالس البلدية

يتناول هذا البند في الدليل – كما سلف القول – مشاركة المرأة في انتخابات المجالس البلدية، حيث منحت المرأة حق الانتخاب والترشيح بعد تعديل قانون البلديات لسنة 1982، حيث بقيت المرأة غائبة عن الساحة حتى عام 1995 حينما فازت عشرة نساء بعضوية المجالس البلدية وفازت إحداهن بمنصب الرئيس. وقبل فترة ليست بالطويلة، وبمبادرة من الأميرة بسمة بنت طلال، تم تعيين (79) امرأة في لجان البلديات، وبعد ذلك نجحت في الانتخابات عشر نساء منهن رئيسة البلدية .

ج- العوامل المحددة لمشاركة المرأة السياسية :

يبين دليل الناخبة الأردنية 2003 المذكور أنه برغم وجود التشريعات التي تعترف بحقوق المرأة في القانون الأردني ،إلا أن هذا لا يعني مشاركتها الفعلية في

الحياة النيابة، ويمكن حصر محددات مشاركة المرأة في البرلمان في العوامل التالية:

1-**الثقافة السائدة:** يتمثل دور الثقافة السائدة في منظومة القيم والمعتقدات والممارسات والاتجاهات المشتركة لمجموعة من الناس والتي تؤثر في سلوكهم وطرق تفكيرهم، فالثقافات المختلفة تتفاوت في تحديدها للأدوار التي يقبلها المجتمع للمرأة والرجل كل حسب جنسه .

2-**التنشئة الاجتماعية:** تمثل الموروثات الاجتماعية التي تنتقل من جيل إلى آخر عن طريق التنشئة الاجتماعية على تكوين النظرة للمجتمع لموقع المرأة في الحياة السياسية .

3-**التمكين الاقتصادي:** إن التنمية الاقتصادية عامل هام في رفع المستوى المعيشي للإفراد من خلال توفير فرص العمل للجنسين، وفي الواقع فإن التنمية الاقتصادية وبالذات في البلدان النامية لا تكون مؤشرا حقيقيا لمشاركة المرأة في السلطة السياسية حيث يجري تقسيم العمل على اساس الجنس، أي إن التقدم الاقتصادي لا يعني بالضرورة مشاركة حقيقة للمرأة في الحياة السياسية

.

4-**دور الحكومات:** يكتسب دور الحكومات أهمية خاصة في إقرار السياسات المتعلقة بخصوص المرأة، والمشاركة بين الرجال والنساء، وتزيل العقبات القانونية التي تميز ضد المرأة، والحكومات إذا أرادت فهي التي تدفع بالمرأة إلى مراكز القيادات، إلا إن الحكومات ما زال دورها ضعيفا في إيصال المرأة إلى السلطة التشريعية .

5-**دور التنظيمات النسائية:** تتواجد على الساحة الأردنية اعداد غير قليلة من المنظمات النسائية، وقد حظيت هذه التنظيمات النسائية في العقدين للآخرين بدعم القيادة السياسية وكان لسمو الأميرة بسمه دور واضح في دعم هذه الحركة .

6-الأحزاب السياسية: تعتبر نسبة مشاركة المرأة في الأحزاب السياسية متدنية جدا فالنساء عازفات عن الانتساب إلى الأحزاب السياسية، كما إن الأحزاب لا تتوجه للنساء .

7-القدرات الشخصية للقيادات النسائية: إن القدرات الشخصية للمرأة واستعداداتها للقيادة وخبراتها في الحياة السياسية من المعوقات الأساسية للشخصيات النسائية القيادية، وقد برز عدد من النساء لهن تأثير كبير في نجاح المرأة في الحياة السياسية .

د- التشريعات القانونية والدستورية الخاصة بحقوق السياسة للمرأة :

يكفل الدستور الأدرني الحقوق السياسية الكاملة للنساء، كما وتعزز ذلك المرجعيات الوطنية الأساسية ولا سيما الميثاق الوطني الصادر في عام 1992 ووثيقة " الاردن أولا"، كما هو الحال في استراتيجية وخطة عمل التنمية السياسية الصادرة مؤخرا (مطلع 2004) عن وزارة التنمية السياسية المُشكَّلة نهايات عام 2004. كما وثق مسألة ترجمة الحقوق السياسية وحمايتها وتعزيزها جزءا لا يتجزأ من الاستراتيجية الوطنية للمرأة الأردنية والتي تشرف على إعدادها اللجنةالوطنية الأردنية لشؤون المرأة، والآلية الوطنية للنهوض بالمرأة، ومرجعية الحكومة في كل ما يختص بشؤون المرأة .

ولكن ، وبرغم هذا الكم الهائل من الاهتمام الدستوري القانوني والمؤسساتي بحقوق المرأة الأساسية في المشاركة في الحياة النيابية والسياسية والحزبية، إلا أن التشريع كان يقصر حق الانتخاب والترشيح في المجلس النيابي على الرجل وحده، وبقي الأمر على هذه الحال منذ إنشاء أول مجلس تشريعي في المملكة سنة 1928 حتى عام 1974، حيث عُدِّل قانون الانتخاب وأصبح للمرأة الحق بأنتخاب النواب كما للرجل، ويحق لها أيضا أن ترشح نفسها لمجلس النواب، وبذلك تم تحقيق الغاية التي نص عليها الدستور في هذه الناحية (وتم ذلك بتعديل كلمة "

أردني" الواردة في المادة الثانية فقرة (أ)من القانون الأصلي بشطب كلمة "ذكر"الواردة فيه والاستعاضة عنها بعبارة "ذكر أو أنثى ") .

ولكن رغم تعديل قانون الانتخاب والترشيح لمجلس النواب في هذه الفترة بسبب ظروف الاحتلال الذي حال دون إجراء الانتخابات في جميع محافظات المملكة. ولما تم تشكيل المجلس الوطني الاستشاري بمقتضى القانون المؤقت رقم (17) لسنة 1978 أتيحت الفرصة للمرأة كي تشارك الرجل فعليّا في ميدان السياسة، وكانت نصوص القانون عامة شاملة الرجل والمرأة معا. وقد شاركت ثلاث نساء في هذا المجلس في دورته الأولى، وأربع نساء في دوريته الثانية والثالثة، وهذا كان للمرأة أول فرصة للمشاركة في الميدان السياسي، ثم المشاركة الفعلية في إبداء الرأي والمشورة لمجلس الوزراء في سائر الشؤون العامة بما فيها الشؤون السياسية .

وحينما حَلَّ موعد انتخابات عام 1989 كان هنالك 12 مرشحة لم تنجح أي منهن برغم من كون العدد كبيرا نسبيا مقارنة بما كان عليه الحال في الماضي, وهذا له دلالته من حيث ان النصوص القانونية ليست وحدها المهمة, بل لابد من وعي المرأة حقوقها المنصوص عليها في التشريعات وترجمتها الى واقع عملي.

وفي انتخابات 1993 نجحت امرأة واحدة بالمقعد الشركسي, فقد نص القانون الأردني على نسبة مخصصة (كوتا) لمرأة, وعندما أثيرت قضية عدم دستورية تخصيص مقاعد للمرأة ألغي نظام الكوتا والآن اعتاد الناس وجود نساء في البرلمان ويتم انتخابهن تنافسيا. ويؤمل في تعديل قانون الانتخاب والغاء نظام الصوت الواحد, لأنه من معوقات وصول المرأة الى قبة البرلمان.

وفيما يخص قانون البلديات فقد تم تعديل القانون في 1982/4/1 ومنحت المرأة حق الترشيح والانتخاب في المجالس البلدية, هنا أيضا لابد من توعية النساء بحقوقهن في هذا المجال, ولابد من أن يكون للمرأة مشاركة حقيقية في انتخاب مجالس البلدية .

الاتفاقيات الدولية الخاصة بالحقوق السياسية للمرأة:

أبرم العديد من الاتفاقيات الدولية المتعلقة بالمرأة وحماية حقوقها المدنية السياسية والاقتصادية والاجتماعية, ومنع التمييز ضد المرأة في شتى مناحي الحياة وأوجه العمل المختلفة. وقد حرصت كثير من الدول على احترام وتطبيق تلك الاتفاقيات, واتاحة الفرصة أمام النساء للمشاركة في الحياة العامة بشكل كلي, والشق السياسي منها بشكل خاص.

وتنص احدى تلك الاتفاقيات على ما يلي:-

"أن الأطراف المتعاقدة, رغبة منها في اعمال مبدأ تساوي الرجال والنساء في الحقوق الوارد في ميثاق الأمم التحدة, واعترافا منها بأن لكل شخص حق المشاركة في ادارة الشؤون العامة لبلده, سواء بصورة مباشرة او بواسطة ممثلين يختارون في حرية, والحق في أن تتاح له على قدم المساواة مع سواه فرصة تقلد المناصب العامة في بلده, ورغبة منها في جعل الرجال والنساء يتساوون في التمتع بالحقوق السياسية وفي ممارستها, طبقا لأحكام ميثاق الأمم المتحدة والاعلان العالمي لحقوق الانسان, وقد قررت عقد اتفاقية على هذا القصد, وقد اتفقت على الأحكام التالية:

المادة 1: للنساء حق التصويت في جميع الانتخابات, بشروط تساوي بينهن وبين الرجال, دون أي تمييز.

المادة 2: للنساء الأهلية في أن ينتخبن لجميع الهيئات المنتخبة بالاقتراع العام, المنشأة بمقتضى التشريع الوطني, بشروط تساوي بينهن وبين الرجال دون أي تمييز.

المادة 3: للنساء أهلية تقلد المناصب العامة وممارسة جميع الوظائف العامة المنشأة بمقتضى التشريع الوطني, بشروط تساوي بينهن وبين الرجال, دون تمييز".

ونافلة القول أن الحكومة الأردنية بدأت في اعطاء آذان صاغية لنداءات المجتمع النسائي المطالب بالزيد من الحقوق السياسية, واتاحة الفرصة واسعة أمامهن – أسوة بالرجال- للمشاركة في الحياة السياسية العامة بكل جوانبها الحزبية والبرلمانية والانتخابية وغير ذلك من أوجه الشراكة السياسية. كما أولت القيادة

الأردنية أهمية كبيرة للاستجابة للمطالبات الدولية, وخاصة من دول العالم الكبرى, فيما يتعلق باتخاذ خطوات جادة وحثيثة على طريق الاصلاح السياسي والاقتصادي والاجتماعي في كافة الدول العربية وعلى مختلف الأصعدة.

كما بدأت المملكة الأردنية في افساح المجال أمام المشاركات النسائية في الانتخابات العامة عن طريق تخصيص نسبة (كوتا) من مقاعد البرلمان للنساء, ثم تراجعت عن تلك الخطوة بدعوى عدم دستوريتها. لكن مؤتمر < المرأة والتنمية السياسية > الذي عقده المعهد الدولي لتضامن النساء، طالب بتعديل حزمة تشريعات منها قانون الانتخاب بإلغاء قاعدة الصوت الواحد، وتعديل نظام الانتخاب على أساس الكوتا، بحيث يكون هناك اثنا عشر مقعدا على الأقل بواقع مقعد لكل محافظة بحيث يتم التنافس بين نساء المحافظة الواحدة ،إضافة إلى اعتماد القائمة الحزبية وتخصيص كوتا للنساء على هذه القوائم. فضلا عن تعديل قانون الأحزاب رقم (33) لعام 1966 الذي يحظر العمل بالسياسة ؛ لكي تتمكن المنظمات النسائية المُسجلة بموجبه بتوعية المرأة سياسياً.

إلا أن المشاركة النسائية في البرلمان لم تتوقف نتيجة هذا الإلغاء، بل وجدنا من تفزن في الانتخابات عن طريق التنافس. ليس هذا فحسبن بل بدأت المرأة في الدخول للمجالس البلدية عن طريق التعيين ، وكان للنساء دور لا يُغفَل في تأسيس العديد من الأحزاب السياسية الأردنية الفاعلة على الساحة الأردنية وذات الأثر السياسي البين.

ولم تكتفِ المرأة بهذا، بل شاركت، وتشارك، في العديد والعديد من المنظمات غير الحكومية التي تهتم بالشأن النسائي والتوعية النسائية بحقوق المرأة، وأيضا المساهمة الفعالة في المجال الاجتماعي والإنساني والذي يتجلى فيه دور المرأة واضحا من خلال إسهاماتها الجلية ونشاطاتها المتعددة .

وأخيرا وليس آخرا، فأن المرأة الأردنية - مثلها مثل كل النساء في الدول العربية - بدأت تعي حقوقها وواجباتها، وبدأت في المطالبة بجدية وإصرار بالمشاركة جنبا الى جنب مع الرجل في شتى مناحي الحياة العامة والخاصة المختلفة السياسية والاقتصادية والاجتماعية والتعليمية، خاصة بعدما أثبتت المرأة جدارتها وكفاءتها الكبيرة في مجالات العمل التي شاركت فيها .

المشاركة السياسية للمرأة الإماراتية

لا توجد قوانين تمنع المرأة من شغل المناصب الحكومية العليا، ولكن عددا قليلا جدا من النساء شغلن هذه المناصب. وحتى الآن لا توجد عضوه ضمن المجلس الوطني الاتحادي الذي يضم 40 عضوا يمثلون السبع إمارات بالرغم من إعلان الشيخة فاطمة بنت مبارك، زوجة الشيخ زايد رئيس الاتحاد، سنة 1998 أنه سيتم تعيين نساء بصفة مراقبات في المجلس الوطني الاتحادي لتدريبهن على تعيينهن في نهاية الأمر أعضاء أصليين، وقد عينت إمارة الشارقة خمس نساء من الأكاديميات في مجلسها الاستشاري (برلمانها المحلي) الذي يضم 40 عضوا، ومع ذلك، ما زالت الغالبية العظمى من نساء الإمارات في البيوت بعيدا عن الحياة العامة .

وفي المقابل فإن عدد الدبلوماسيات الاماراتيات اللواتي يعملن في وزارة الخارجية يصل الى 13 دبلوماسية بينهن وزيرات مفوضات، يرجع نشطاء حقوق المرأة ضعف التمثيل السياسي للمرأة بوجود صعوبات لوجستية أمام المرأة لتمثيل بلادها في الخارج، وهذه الصعوبات لا تواجهها المرأة فقط بل كل من يعمل بالسلك الدبلوماسي حيث يجد كثيرون متاعب للتوفيق بين متطلباتهم الوظيفية والاسرية، وبالرغم من ارتفاع المستوى التعليمي والتغيرات الاجتماعية والثقافية العديدة التي طرأت على أوضاع المرأة الإماراتية فإن أثر المرأة في صنع القرارات والمشاركة السياسية لا يزال محدودا وذلك لعدم وجود المرأة في المراكز القيادية وقلة الوعي نتيجة عدم فاعلية المضمون المعرفي للعملية التعليمية ؛ حيث ما زالت النظرة السلبية للمرأة واعتبارها غير مؤهلة لاحتلال المناصب العليا .

وترجع أسباب ضعف المشاركة السياسية للمرأة الإماراتية إلى أن منظومة التقاليد والعادات لم تتقبل فكرة دخول المرأة المعترك السياسي، وتنظر إلى النشاط السياسي للمرأة في هذا الإطار إما بوصفه ترفا أو خروجا عن المألوف في افضل

الأحوال، وإما بوصفه افتئاتا على حقوق البيت والأسرة، وهذا في معظم الأحوال، خاصة في ظل مناخ عام من سلبية الرجل نفسه والمرأة ؛ وهذه المنظومة تشكل معوقا أساسيا لمشاركة المرأة الإماراتية السياسية ؛ فهذه القيم والتقاليد تتلاقى مع تفسيرات متشددة لأحكام الشريعة الإسلامية وتشكل قيودا على قبول المجتمع أو سماحه بقدر من المشاركة السياسية للمرأة الإماراتية، وقد أدت هذه القيم والتقاليد إلى بلورة رؤية معينة للمرأة دورها تركز على الجانب الأنثوي الفسيولوجي للمرأة وما يترتب على ذلك من تحديد لدور المرأة بما يتلائم وطبيعة المرأة ،كزوجة وأم مكانها الطبيعي في البيت وامتد هذا التصور إلى مدى القبول بدور المرأة في الحياة السياسية ،أي هناك علاقة سلبية بين ثقافة المتمع ومشاركة المرأة السياسية، فالبعد الاجتماعي للثقافة يؤثر أو يبدو أكثر وضوحا في ثقافة المرأة السياسية منه لدى الرجل.

كما لعبت التنشئة الاجتماعية والسياسية للمرأة دورا مهما في تشكيل نظرة المرأة إلى ذاتها ودورها في المجتمع بما يتلاءم وخصائص الثقافة السياسية لمجتمع الإمارات، وقد أوضحت بعض الدراسات الميدانية التي أجريت في مجال التعرف على رؤية المرأة لدورها السياسي في الإمارات درجة عالية من التوافق بين رؤية المرأة لذاتها ودورها من جهة وثقافة المجتمع من جهة أخرى سواء فيما يتعلق بدورها في المجتمع أو برؤيتها لحقوقها السياسية .

وفي تطور لوضع المرأة الإماراتية في الحياة العامة ومشاركتها السياسية أصدر الشيخ زايد بن سلطان أل نهيان في 1 نوفمبر 2004 مرسوما اتحاديا بتعديل تشكيل مجلس الوزراء، وتعيين الشيخة لبنى القاسمي وزيرة للأقتصاد والتخطيط، وجاء هذا التعديل بناء على اقتراح من نائب رئيس الدولة ورئيس مجلس الوزراء حاكم دبي الشيخ مكتوم بن راشد أل مكتوم، وبموجب هذا التعديل تم استحداث وزارة لشؤون الرئاسة ودمج وزارة التربية والتعليم والشباب ووزارة التعليم العالي بوزارة واحدة هي وزارة التربيــة والتعليـم،كما تم دمج وزارتي الاقتصاد والتخطيط في وزارة واحدة هي وزارة الاقتصاد والتخطيط، وكذلك دمج وزارة النفط والثروة المعدنية

ووزارة الكهرباء والماء في وزارة واحدة هي وزارة الطاقة، كما تمت إضافة شؤون مجلس التعاون الى مهام وزارة الدولة لشؤون المجلس الأعلى وتسمى الوزارة وزارة شؤون المجلس الأعلى ومجلس التعاون .

المرأة والمجتمع المدني في الإمارات

يرتبط المجتمع المدني في الإمارات ارتباطا وثيقا بالدور الطليعي لأفراد الطبقة المتوسطة الجديدة، بيد أن تطور ونمو هذا المجتمع سيعتمد اعتمادا كبيرا على تطور البناء التشريعي والقانوني في الإمارات. إن المجتمع المدني هو في جوهره مجتمع تحكمه القوانين والتشريعات والأنظمة ؛ وليس الأعراف والتقاليد الموروثة. وفي هذا السياق جاءت ولادة الدولة الاتحادية في الإمارات ولادة قانونية وذلك من خلال الاعلان والعمل بأول دستور في تاريخ الإمارات وهو دستور 1971 المؤقت، وقد أكد الدستور في ديباجته على أن إدارة شعب الإ مارات قد تلاقت على قيام الدولة الاتحادية وعلى توفير حياة دستورية حرة ونظام ديموقراطي متكامل الأركان في مجتمع متحرر من الخوف والقلق. وتعهد الدستور بضمان حقوق الإنسان ومساواته أمام القانون وتوسيع مجالات مشاركته في إدارة شؤون المجتمع بهدف الوصول إلى الحياة الحرة والعصرية. إن صدور الدستور هو ربما أهم خطوة في سياق بناء وتأسيس المجتمع المدني والأخذ بأسس الحياة السياسية والاجتماعية الحديثة خاصة وأنه تضمن جملة من الحقوق والحريات السياسية والمدنية للإنسان، ويتضمن دستور الإمارات اكثر من 20 مادة خاصة بالحقوق والحريات المستمدة من الإعلان العالمي لحقوق الإنسان ومن العهدين الدولين الخاصين بالحقوق المدنية والسياسية، والحقوق الاقتصادية والاجتماعية، ومن بين أهم الحقوق المدنية والسياسية: حق مساواة الأفراد أمام القانون، عدم التمييز بين مواطني الاتحاد بسبب الأصل والموطن أو العقيدة أو المركز الاجتماعي، حق التقاضي أمام الجهات القضائية، ضمان الحريات الشخصية التي تشتمل على عدم التعرض للتعذيب أو المعاملة الحاطة بالكرامة، حرية المراسلات

البريدية وكفالة سريتها، حق حرية التنقل. أما أهم الحقوق الأقتصادية، الثقافية والاجتماعية في الدستور فإنها تتضمن المساواة، والعدالة الاجتماعية، وتكافؤ الفرص، وحق التعليم، وحق الملكية الخاصة، عدم استعباد الإنسان ؛ وعلى صعيد الحريات السياسية أكد الدستور على حرية الرأي، والصحافة، وحرية الاجتماع، وحرية الاختيار والانتخاب بالإضافة إلى حرية تكوين الجمعيات حيث نصت المادة 33 من الدستور المؤقت على " إن حرية الاجتماع وتكوين الجمعيات مكفولة في حدود القانون " ؛ جاءت المادة 33 من الدستور المؤقت لتوضح السياسة العامة، وتكون بمثابة حجر الأساس في البناء التشريعي الخاص بمؤسسات المجتمع المدني في الإمارات، وكان لا بد من تشريعات وقوانين تفصيلية لتنظيم عمل الجمعيات ذات النفع العام وتحديد علاقتها بالمجتمع وجهة الإشراف على نشاطتها، وصدر في هذا السياق القانون الاتحادي الخاص بالجمعيات ذات النفع العام رقم 6 لعام 1974 وتعديلاته بالقانون الاتحادي رقم 20 لسنة 1980، وعرف القانون رقم 6 جمعيات النفع العام بأنها " كل جماعة ذات تنظيم له صفة الاستمرار لمدة معينة أو غير معينة، تؤلف من أشخاص طبيعيين أو اعتباريين بقصد تحقيق نشاط اجتماعي أو ديني أو ثقافي أو تربوي أو فني أو تقديم خدمات إنسانية أو تحقيق غرض من أغراض البر أو غير ذلك من أوجه الرعاية، سواء كان ذلك عن طريق المعاونة المادية أو المعنوية أو الخبرة الفنية وتسعى في جميع أنشطتها إلى المشاركة في تلك الأعمال للصالح العام وحده دون الحصول على ربح مادي "، ويلاحظ على القانون 6 أنه لم يورد تفصيلا واضحا لأنواع وأهداف الجمعيات، كما أنه لم تصدر حتى الآن لائحة بالنظام الأساسي النموذجي الوارد ذكره في القانون، وإن يكن ثمة نظام أساسي لدى إدارة الجمعيات يتم الاسترشاد به، كذلك يلاحظ أن القانون لم يضع تنظيما واضحا للاتحادات برغم تزايد عدد الجمعيات ومطالبتها بتأسيس اتحاد للجمعيات على غرار الاتحاد النسائي الذي تنتظم فيه الجمعيات النسائية والاتحاد التعاوني الذي يضم كافة الجمعيات التعاونية في الدولة .

ورغم أن القانون 6 لسنة 74 هو الآن موضع نقاش معمق، وهناك مطالبات عديده بتعديله وكان محور اهتمام خاص من قبل المؤتمر الأول لجمعيات النفع العام الذي عقد في 9 يوليو 1994 ؛ إلا أن صدور القانون ساهم في زيادة عدد الجمعيات التي أخذت تشهد نموا ملحوظا خلال العشرين سنة الماضية. لقد كان أداء هذه الجمعيات خلال هذه المرحلة في منتهى المسؤولية والحرص والالتزام، وساهمت الجمعيات من خلال أدائها ونشاطاتها في ترسيخ الأمن الاجتماعي، وأضفت على الإمارات تميزا عن بقية الدول المجاورة، وجاءت معظم الدراسات حول دور جمعيات النفع العام لتؤكد أن العمل الاجتماعي التطوعي هو ضرورة تنموية، وأنه في المقام الأول واجب وطني، وأن الجمعيات بكل أنواعها تلعب دورا مساندا للدولة وتقدم خدماتها لقطاعات وفئات اجتماعية بتكلفة أقل من تلك التي تستطيع الدولة أن تقدمها، وهي بذلك تحل مشكلة ربما لا تستطيع الدولة أن تحلها، كما أوضحت بعض الدراسات أن الرجال في الإمارات هم الإكثر اهتماما بالعمل التطوعي، كما أن الفئات الشابة أكثر إقبالا على العمل التطوعي من سواهم ؛ لكن مهما تنوعت الأراء حول العمل التطوعي وحول الحاجة لتعديل القانون الخاص بالجمعيات ذات النفع العام ؛ فإن صدور هذا القانون أدى إلى فتح الباب أمام الوسع في إنشاء هذه الجمعيات، ففي السنة الأولى من صدوره تم تأسيس 11 جمعية منها 4 جمعيات نسائية، و 4 جمعيات للجاليات العربية والوافدة، وجمعية دينية وأخرى للفنون الشعبية، جمعية ثقافية وأخرى جمعية خدمات عامة .

وخلال الست سنوات التالية أي حتى عام 1980 ارتفع العدد إلى 42 جمعية بمعدل 4406% من إجمالي الجمعيات القائمة حاليا، ارتفع العدد بنهاية عقد الثمانينات إلى 80 جمعية، ثم أصبح عددها 92 جمعية بحلول عام 1993.

ويوضح الجدول التالي نمو الجمعيات وعددها ونوعها في الفترة 1993/1974:

	1974	1980	1985	1990	1993	المجموع
دينية	1	2	-	-	-	3
نسائية	4	-	-	-	-	4
مهنية	-	3	2	-	-	5
فنون شعبية	1	1	2	1	-	6
ثقافية	1	1	1	-	1	4
خدمات إنسانية	-	-	1	-	-	1
مسارح	-	-	1	-	-	1
جاليات	4	-	-	-	-	4
المجموع	11	7	7	1	1	27

ويتضح من الجدول تصدر جمعيات الفنون الشعبية القائمة من حيث العدد، وتأتي بعدها الجمعيات المهنية ثم جمعيات الجاليات المقيمة في الإمارات وكانت أكثر السنوات تسجيلا وإشهارا للجمعياتن هي عام1974 الذي صدر فيه القانون الخاص المنظم لتأسيس جمعيات النفع العام.

إن الجمعيات النسائية وجمعيات الجاليات هي أقدم الجمعيات ذات النفع العام في الإمارات، فقد جاء تأسيس أول جمعية نسائية في رأس الخيمة عام 1967 أي قبل خمس سنوات من حصول الإمارات على أستقلالها وقيام الدولة الأتحادية الخاصة بالجاليات العربية والأجنبية القيمة بالإمارات ممارسة أنشطتها قبل قيام الأتحاد، شهدت تزايدا مستمرا خلال عقد السبعينات وتوقف عددها عند 17 جمعية بحلول عام 1978، وذلك بصدور القانون رقم 20 بتعديل قانون الجمعيات رقم 6

والذي حظر تأسيس مثل تلك الجمعيات، حصر تأسيس الجمعيات بالمواطنين، أما الجمعيات المهنية فقد برزت جميعها خلال عقد الثمانينات، في حين ظلت جمعيات الفنون الشعبية وتلك الخاصة بالحركة المسرحية تزداد خلال العشرين سنة بشكل متواصل حتى بلغ إجمالي عددها 38 جمعية بنهاية عام 1993، ويلاحظ أن الجمعيات التي تقدم خدمات إنسانية قد برزت جميعها أيضا خلال عقد الثمانيات وكذلك الأمر بالنسبة للجمعيات ذات الطبيعة الثقافية – وتلك التي تقدم خدمات عامة كجمعية حماية المستهلك، جمعية أصدقاء البيئة .

ملاحظات	نوع النشاط
	الأنشطة الثقافية
يمارس هذا النشاط في كل الجمعيات	أ-الانشطة الثقافية العامة
لا يمارس هذا النشاط في جمعية دبي	1- تنظيم ندوات ومحاضرات ثقافية
لا يمارس هذا النشاط في جمعيات الشارقة وعجمان ورأس اليمة	2- القيام برحلات ثقافية
لا يمارس هذا النشاط في جمعية الشارقة ورأس الخيمة	3- عرض الأفلام الثقافية
لا يمارس هذا النشاط في جمعية دبي	4- تنفيذ برنامج ثقافي للمرأة في القرى
لا يمارس هذا النشاط في جمعية دبي	5- إصدار مجلة خاصة بالجمعية
يمارس هذا النشاط في جمعية أبو ظبي	6- تشجيع المواهب الأدبية
يمارس هذا النشاط في جمعية أبو ظي	7- إقامة الامسيات
يمارس هذا النشاط في كل الجمعيات	8- إقامة حفلات في المناسبات الوطنية
لا يمارس هذا النشاط في جمعية أبو ظبي	9- رعاية المكتبة وتنمية حب الاطلاع
	ب- الأنشطة الثقافية الدينية
يمارس هذا النشاط في كل الجمعيات	1- تنظيم الاحتفالات بالمناسبات الدينية

2- الاهتمام بعث العقيدة السليمة	لا يمارس هذا النشاط في جمعيتي أم القيوين ورأس الخيمة
3- تنظيم مسابقات دينية بين الجمعيات	لا يمارس هذا النشاط في جمعيات دبي، الشارقة، عجمان
4- إقامة معارض للكتب الدينية	يمارس هذا النشاط في جمعيتي أم القيوين ورأس الخيمة
5- إصدار كتيبات دينية للمرأة	يمارس هذا النشاط في جمعية رأس الخيمة
6- إصدار مجلة حائط دينية	يمارس هذا النشاط في جمعية رأس الخيمة
7- تخصيص صندوق لجمع الصدقات والتبرعات وتوزيعها	يمارس هذا النشاط في كل الجمعيات
الأنشطة الثقافية التراثية	
1- جمع تراث المنطقة من تحف وملابس	يمارس هذا النشاط في جمعيات الشارقة وأم القيوين ورأس الخيمة
2- زيارة مناطق البدو والاتصال بالسيدات ذوات المهن القديمة	يمارس هذا النشاط في جمعيتي أم القيوين ورأس الخيمة

ومن خلال استعراض الأنشطة التي تمارس في الجمعيات يمكن أن نلاحظ ما يلي :

1- عدم جود خطة واضحة المعالم لبعض الانشطة الثقافية تتلائم مع احتياجات المرأة الإماراتية .

2- قصور مفهوم الأنشطة الثقافية وربطها ببعض البرامج .

3- مظهرية ترفيه واضحة لبعض البرامج دون أن يكون لهذا النشاط مردود واقعي وعملي للمرأة.

4- تدن كبير في نوعية الأنشطة الثقافية التي تقدمها الجمعيات .

5- التركيز على الأنشطة الثقافية التقليدية .

6- التزام الجمعيات النسائية بشكل خاص بالموضوعات الدينية خلال المواسم الثقافية التي يلاحظ أن معظمها مكررة، وليست ذات مساس بقضايا المرأة وما تعانيه من مشاكل يومية وحياتية .

7- تقديم الأنشطة في صور تقليدية لا تضيف إلى فكر المرأة شيئا.

وفي دراسة ميدانية على عينة من المواطنات الإماراتيات العاملات في الجمعيات النسائية للتعرف على مدى مساهمتهن في الأنشطة الثقافية في الجمعية ونوعية تلك المشاركة، ومجالاتها تبين أن معظم النساء الإماراتيات تحتل الأنشطة الثقافية مرتبة متأخرة في اهتمامتهن كما يوضح الجدول التالي:

نوع النشاط	النسبة
اجتماعي	%39
ديني	%27
ثقافي	%25
صحي	%6

ونلاحظ هنا أن رغبة المرأة في المشاركة في النشاط الثقافي جاء في مرتبة متأخرة، وعندما سئلت المبحوثات عن نوعية الموضوعات التي تحب قرائتها في المجلات والصحف كانت الموضوعات الثقافية في مرتبة متأخرة كما يتوضح من الجدول التالي :

الموضوعات	النسبة
الاجتماعية	%24
السياسية	%18
الثقافة العامة	%13
الادبية والدينية	%11
التربوية والفنية	%6

وهو ما يعني قلة اهتمام المرأة الإماراتية بالموضوعات الثقافية بشكل عام وغلبة الاهتمام بالموضوعات الاجتماعية .

الإطار القانوني والدستوري لحقوق المرأة القطرية :

احتلت دولة قطر المرتبة الثانية بين الدول العربية فيما يتعلق بمستوى التنمية البشرية طبقا
لتقرير برامج التنمية البشرية للأمم المتحدة لعام 2003، لتكون بذلك في المرتبة 44 عالميا من بين 175
دولة. وإن كانت دول الخليج قد تأخرت عن باقي الدول العربية في إبراز القضايا المتصلة بالمرأة، إلا أن
الآونة الأخيرة قد شهدت الكثير من التغيرات الاجتماعية والسياسية التي أثرت وبشكل كبير على وضع
المرأة في دولة قطر كما شكلت السنوات الخمس الماضية علامة فارقة في تاريخ قطر وتاريخ المرأة
القطرية. وعلى غير المعتاد فإن التغيير لم يبدأ من القاعدة وصولا إلى قمة الهرم. بل تبنت القيادة
السياسية فتح كافة المجالات للمرأة للمشاركة في التنمية وصنع القرار. وتحسين وضعها ودورها في
العمل والأسرة والمجتمع .

وقد كانت توجهات الدولة الرامية إلى تمكين المرأة اقتصاديا وسياسيا وأجتماعيا تتفق والتوجه
الأنساني العام الرامي إلى تفعيل دور المرأة أسوة بالرجل، وكان لذلك أثره في الطفرة الكبيرة وما نالته
المرأة من مكاسب يمكن إجمالها في:

- أصدر أمير قطر في 1998/7/18 مرسوم رقم 17 لسنة 1998 والخاص بنظام الترشح والانتخاب
  للمواطنين القطريين لعضوية المجلس البلدي المركزي، والذي نص على منح حق الأنتخاب لكل
  قطري (أو قطرية) بالغ من العمر 18 سنة ميلادية. وقد كانت منافسة المرأة في انتخابات المجالس
  البلدية 2003 شاهدا على إيجابية المرأة، وتفاعلها وانتظارها لهذه الفرصة .

- إنشاء المجلس الأعلى لشؤون الأسرة تحت قيادة نسائية (الشيخة موزة بنت ناصر المسند حرم أمير
  قطر) بدرجة وزير، ومن أبرز اهتماماته اتساق اللوائح والقوانين والتشريعات والنظم الإدارية مع
  النظام الأساسي للدولة والذي يساوي بين المرأة والرجل، ويشجع على مشاركتها في كل أوجه الحياة
  وفي السلطات التشريعية والتنفيذية وفي الحياة السياسية .

- إنشاء لجنة مختصة بشؤون المرأة تابعة للمجلس الأعلى لشؤون الأسرة. وإنشاء اللجنة الوطنية للتخطيط للنوع الاجتماعي. بهدف مسح ودراسة وضع الرجل والمرأة بدولة قطر .
- تكوين لجنة لوضع الاستراتيجية الوطنية للنهوض بالمرأة بالتعاون مع اليونيفم لتنفيذ مقررات الأمم المتحدة ومنهاج العمل للنهوض بالمرأة .
- تعيين الكثير من النساء وبنسب تقرب إلى التساوي مع الرجل في المناصب القيادية بالجامعة. اختيارها وكيلة وزارة واختيارها لمنصب الأمين العام المساعد بإحدى منظمات دول مجلس التعاون الخليجي .
- الاهتمام بتعليم المرأة وتدريبيها وإيجاد دور اقتصادي فاعل لها، وفتح كافة مجالات التعليم والتدريب المجاني لها أسوة بالرجل، والاهتمام برياضة المرأة صانعة القرار في كل المجالات التربوية والتعليمية .
- العمل على غرس مفاهيم جديدة لدى النشء والاهتمام بالطفولة .
- الاهتمام بالمنظمات الأهلية العاملة في مجال إزالة الفقر. والاهتمام بالعمل التطوعي من خلال المجلس الأعلى لشؤون الأسرة .
- إعفاء القطرية المتزوجة من أجنبي من رسم استهلاك الكهرباء والماء أسوة بالرجل .
- توجه بعض المؤسسات والمنظمات غير الحكومية إلى تأهيل النساء من الأسر محدودة الدخل في المجالات الحرفية والتقنية ".
- كما تهتم الدولة بالرعاية الصحية والصحة الإنجابية للمرأة من خلال رعاية متكاملة ومجانية وتبلغ جمة الإنفاق الحكومي على الصحة نسبة 4،6% من موازنة الدولة لعام 1998/1997 .
- وتنص القوانين على الحقوق الإنسانية المبنية على اتفاقات الأمم المتحدة للمرأة والطفل دون إخلال بالثقافة المحلية النابعة من الديانة الإسلامية والتقاليد المحلية. والتوزيع العادل لفرص الحصول على التعليم والرعاية الصحية والرعاية الاجتماعية الموارد الاقتصادية دون فوارق لنوع الجنس .

■ العمل عل إصدار قانون الأحوال الشخصية، حيث يجسد العدل بين الرجل والمرأة، وإشراك كافة المعنيين والمختصين من خلال فتح نقاشات عامة وإشراك لجنة شؤون المرأة لكفالة بأن يكون القانون منصفا للمرأة .وحتى صدور قانون الأحوال الشخصية الجديد تقرر الشريعة الإسلامية الأحوال الشخصية للمرأة في قطر. والذي يقضى بأن يكون ميراث المرأة من ميراث الرجل. وفي حالات الطلاق، تعطى المرأة حضانة الأطفال الصغار بينما يكون الأطفال الأكبر سنا من حق الوالد شرعا.

وتعارض الغالبية من المواطنين القطريين، ذكورا وإناثا، أن تلعب المرأة دورا نشطا في الحياة العامة. وقد رسخت الخلفية الإسلامية التقليدية للأمة، وخصوصا في أوساط كبار السن، موقفا نقديا من التحديث على النمط الغربي ومن حقوق المرأة. ولا توجد مجموعات نسائية نشطة في البلاد. وما تزال المدارس وأماكن العمل تقوم على الفصل بين الجنسين.

تعمل الدولة من خلال نظام الضمان الاجتماعي على إزالة الفقر. حيث توفر الدولة الراتب الشهري للعجزة والمسنين والأرامل واليتامى والمطلقات وزوجات السجناء والمعاقين ومجهولي الأبوين والدارسين بالجامعات سواء محليا أو بالخارج والطلاب من الأسر ذات الدخل المحدود في مراحل الأساس.

وتوفر الدولة خدمات الصحة والعلاج والشرب والإنارة والتعليم المجاني لكل فرد قطري. وتساهم الدولة في توفير المسكن الشعبي للأسر ذات الدخل المحدود. ويكفل القانون كافة الخسائر الناجمة من الكوارث فردية كانت أم جماعية .

بالرغم من أن قطر لم توقع على أتفاقية القضاء على جميع أشكال التمييز ضد المرأة، فإنها من الدول العربية القليلة التي لا يرد ذكرها في أي تقرير عن انتهاكات أو تمييز ضد المرأة. والحقيقة أن الاهتمام بشؤون المرأة هو جزء من التجربة الاصلاحية التي تسير عليها قطر .

تنص المادة 34 من الدستور على أن المواطنين متساوون في الحقوق والواجبات، ولكن بالرغم من ذ لك تلقى المرأة تمييز في سوق العمل وتحصل على أجر أقل عن نفس العمل الذي يقوم به الرجل بالاضافة الى أشكال التميز الأخرى التي سيرد الحديث عنها عند تناول جزئية المرأة والعمل .

المشاركة السياسية للمرأة القطرية :

إجراء انتخابات المجلس البلدي في 8 مارس 1999 (يوم المرأة العالمي) لم يكن مصادفة ولكنه إجراء له مغزاه الواضح في تأكيد على أهمية دور المرأة والنقلة النوعية التي شهدها المجتمع القطري في نظرة القيادة السياسية للمرأة. وأقدمت بالفعل ست سياسيات قطريات على ترشيح أنفسهن لانتخابات المجلس البلدي التي أجريت وكانت نسبة مشاركة المرأة القطرية في الانتخابات (45%) لاتقل عن نسبة مشاركة الرجل .

انها لم تؤد إلى فوز أي من المرشحات بل إن إحداهن بالرغم من كفاءتها العلمية وسيرتها الذاتية الغنية بالمشاركة في الحياة العامة لم تحصل سوى على 280 صوتا مما يدل على تدني الوعي العام بأهمية دور المرأة في صنع القرار، كما يشير إلى أن المرأة القطرية كناخبة لم تساند المرأة القطرية المرشحة سوى بـ 30 صوتا .

لكن أيا كانت أسباب فشل المرأة القطرية في الفوز بمقاعد في المجلس البلدي والتي تعود بدرجة كبيرة إلى الموروث الاجتماعي والنظرة المجتمعية للمرأة ونظرة المرأة للمرأة، إلا أن الأهمية تكمن في أن المرأة القطرية كسبت حقيقة أساسية وهي أن لها دورا مساويا لدور الرجل عملية التنمية السياسية وأن مشاركتها السياسية أصبحت حقيقية، وكمجتمع محافظ يمر بهذه التجربة للمرة الاولى فمن الطبيعي أن تكون هناك أصوات مؤيدة وأخرى معارضة. ولكن حيث أن المبادرة جاءت من القيادة السياسية فالمعارضة بدت في الإفصاح عن موقفها بوضوح حتى لا تصطدم بالقيادة السياسية .

لكن هذا الحذر لم يمنع أستاذ جامعي – عبد الرحمن بن عمير – من أن يقوم بحملة ضد ما أسماه " ولاية النساء" وعارض مشاركتهن في الانتخابات للمجلس البلدي. وأقدم على تقديم عريضة إلى مجلس الشورى في يونيو 1998 تحمل توقيع 18 شخصية قطرية تتضمن أنتقادا لفتح المجال للمرأة على مصراعيه للمشاركة في مختلف الأعمال بلا أستثناء مما يسبب الاختلاط المحرم سيؤدي إلى خسارة المجتمع دور المرأة الحقيقي واستبدالها لتصبح رجلا آخر. ونتيجة لهذا الموقف فقد تم إعتقاله ولكن إزاء أجواء الانفتاح السياسي فقد أصدر أمير قطر أمرا بالإفراج عنه 8 أبريل 2001.

تابعت المرأة نشاطها السياسي في 7 أبريل عام 2003، حيث خاضت المرأة الانتخابات البلدية من 84 مرشحا ولكنها فازت بالتزكية كما شاركت الى جانب الرجل في التصويت في 29 أبريل عام 2003 في الاستفتاء على الدستور الدائم والذي كفل لها حقوقها كاملة أسوة بالرجل.

بعد إقرار الدستور الدائم، أصبحت قطر أول دولة خليجية تعين امرأة في منصب وزير، حيث أصبحت شيخة بنت أحمد المحمود وزيرة للتربية في قطر. وقد أدت القسم أمام الحاكم القطري يوم 6 أيار 2003. وجدير بالذكر أنها كانت تشغل منصب وكيل وزارة قبل ذلك .

شغلت النساء عدة مناصب حكومية في السنوات الأخيرة، وزادت نسبتهن في الوظائف الحكومية 61 بالمئة بين عامي 1991 -1998 وكانت معظم هذه الزيادة في الوظائف المتدنية والأدارية، وقد تم تعيين امرأة في منصب وكيل وزارة التربية والتعليم.

تشكل النساء عموما 14% فقط من مجموع قوة العمل. وتشجع الأعراف الاجتماعية النساء بقوة على البقاء في البيوت. وعلى الرغم من ذلك، استطاعت النساء تحقيق نجاحات في مجال التعليم والطب والإعلام. وحمل الشيخ حمد لواء

الصحافة الحرة، فألغى رقابة الإعلام وسمح بأزدهار الإعلام الخاص. وقد أثارت محطة تلفزيون " الجزيرة " الكثير من الجدل في المنطقة العربية لانفتاحها واستعدادها لمناقشة الموضوعات الخلافية، بما فيها حقوق المرأة .

وفي السنوات الخمس الأخيرة، تولت الشيخة موزة حرم أمير قطر برنامجا لرفع مستوى التحصيل الدراسي بين الفتيات. وبلغت نسبة المسجلين في التعليم الأساسي في سنة 1990، 89% من الفتيات و 90% من الأولاد. وكان معدل أمية الراشدين 20بالمئة للرجال و 18 بالمئة للنساء في سنة 1998. توفر الحكومة التعليم المجاني والرعاية الصحية والسكن والخدمات العامة لجميع المواطنين .

تناولت دراسة أعدها د. وضحى علي السويدي – جامعة قطر / مقدمة الى " ندوة المرأة والسياسة ودورها في التنمية " -المجلس الاعلى لشؤون الأسرة / الدوحة – قطر " الفترة من 21-23 أبريل 2002 م"، ردود

أفعال حول مشاركة المرأة في هذه الانتخابات " ناخبة ومرشحة "، وبلورها ضمن ثلاث اتجاهات :

الاتجاه الأول: متحمس ويرغب في نجاح التجربة ويؤيد وجود المرأة القطرية في المجلس البلدي ويرى أن مشاركتها حق مكتسب وجيد لقدراتها وكفاءتها في خدمة مجتمعها ووطنها ويمثل هذا الاتجاه الطبقة المثقفة " رجالا ونساء".

الاتجاه الثاني: متحمس ويفضل التعيين وليس الانتخاب ويؤيدون مشاركة المرأة في الانتخابات البلدية بصفة عامة، ولكنهم يرون ضرورة أن يكون تحديد المناصب القيادية بواسطة الاختيار والتعيين وليس عن طريق الانتخاب .

الاتجاه الثالث: معارض لمشاركة المرأة بشدة ولأصحاب هذا الأتجاه رأي صريح في هذا المجال، وهم يرون أن المرأة القطرية تعيش في بيئة محافظة تؤدي دورها الأسري في حدود الشرع والدين والقيم والعادات والتقاليد التي نشأت عليها دينيا وثقافيا، ومع هذا يمكن القول أنها شاركت وبرزت كامرأة متعلمة عاملة وربة أسرة ناجحة محافظة ومتحشمة في حدود العادات والتقاليد المتوارثة .

وأدى رفض مجموعة من الأصوليين لمشاركة المرأة السياسية، وتقديمهم مذكرة بخصوص هذا الشأن الى مجلس الشورى، الى جعل قضية مشاركة المرأة تحتل المرتبة الأولى في سلم القضايا الانتخابية حتى أنها غطت -إلى حد ما - على إنجاز كون هذه الانتخابات هي الأولى في دولة قطر.

الى دراسة أخرى أعدها " باقر النجار" في دراسة عن المرأة في الخليج العربي وتحولات الحداثة العسيرة أشار الى إن اختراق موضوع الحداثة بالنسبة للمرأة والمجتمع الخليجي يتطلب هو الآخر اختراقا للذات التقليدية للمرأة ولمنظومة قيم المجتمع وبعض العادات الاجتماعية ؛ فالحداثة لا تبنى من فوق وإنما هي ذات تبنى من الداخل، وقد يعجز المجتمع عن تحقيق ذلك إذا لم يبدأ التحول من ذات المرأة نفسها، فقد يكون السبق لدولة هنا أو رئيس هناك في أخذ المبادرة لتحقيق نصر سياسي للمرأة أو المجتمع، إلا أن كل ذلك سيبقى يمثل تحولات فوقية قد لا تصل إلى قاع المجتمع وعصب علاقاته الاجتماعية والسياسية والثقافية، وسيبقى الأمر محكوما بقدرة أفراد المجتمع نسائه ورجاله على تمثل هذا التحول في ذاتهم وانعكاس ذلك في علاقتهم بالآخرين من مجتمعهم .

المشاركة السياسية للمرأة: " التونسية "

نستطيع القول أن المرأة التونسية تشغل الآن عددا قليلا نسبيا من الوظائف الحكومية العليا (3% على المستوى الوزاري)، كما فازت المرأة في الانتخابات النيابية لعام 1999 بــ 21 مقعدا من مجموع 182 مقعدا نيابيا. كما أن مستوى تمثيل المرأة على المستوى المحلي أفضل منه على المستوى الوطني حيث تشكل النساء 17% من أعضاء المجالس البلدية .

وبالرغم من أن الخطاب السائد منذ أواخر الخمسينيات قد تحدث عن المرأة لكن يمكن اعتباره خطاب عن المرأة وليس للمرأة. ويتضح ذلك جليا من خلال مشاركة المرأة في الحياة السياسية الحزبية. فقد ظل دور المرأة محدودا داخل التجمع الدستوري الديمقراطي الحاكم وفي الاتحاد العام للشغل إلى حد كبير رغم النسبة

المعقولة التي تحتلها المرأة داخل هياكل الحزب، وهذا يرجع إلى دفع السلطة للمرأة من أجل احتلال مواقع حزبية بعينها تترك لها بسبب الجنس وليس الكفاءة. بيد أن أحزاب المعارضة الشرعية قانونا والمحظورة ظل دور المرأة فيها هامشيا الى حد كبير.

ولتوضيح ما سبق، يمكن القول أن الحزب الدستوري في منتصف الثمانينيات ضم 11 امرأة في لجنته المركزية من بين 200 عضو، بينما بلغ عدد أعضائه من النساء 10% إضافة إلى 7 نائبات في البرلمان في الفترة من 1981 حتى 1986 من بين 135 نائب هم مجمل أعضاء البرلمان التونسي، و 519 أعضاء في المجالس البلدية بنسبة 14% من إجمالي أعضاء البلديات .

ومع مجيء الرئيس زين الدين بن علي للسلطة في عام 1987 ارتفعت نسبة النساء المعينات في مواقع حزبية ورسمية، وزادت أيضا نسبة العضوية داخل الحزب الحاكم وفي هياكل الدولة. وعينت المرأة التونسية في عام 1995 على رأس وزارة شئون المرأة والأسرة، وأعطيت لها في عام 1999 حقيبتين وزاريتين، وفي الوقت نفسه عينت كاتبة دولة لدى كل من وزير الإسكان والصحة، وتم إحداث منصب مستشارة لدى رئيس الجمهورية سنة 1992، وتم تعيين امرأة في منصب الرئيس الأول لدوائر المحاسبات .

وتظهر الأرقام التي نشرها مؤخرا الإتحاد البرلماني الدولي أن تونس تأتي في صدارة البلدان العربية من حيث نسبة حضور المرأة في البرلمان. حيث تبلغ نسبة النساء من بين أعضاء مجلس النواب التونسي 11،5% مّما يضع تونس في المرتبة 59 من جملة 117 دولة شملتها دراسة الإتحاد البرلماني الدولي. وتتقدم تونس أيضا من حيث نسبة النائبات البرلمانيات بلدان غربية مثل فرنسا (10،9%) وإيطاليا (11،1%) .

وقد عززت الانتخابات الرئاسية والتشريعية التي جرت في 24أكتوبر 1999 حضور المرأة في الحياة العامة التونسية. خاصة وأن الأحزاب السياسية السبعة التي تنافست على تأمين مقاعدها في البرلمان التعددي المتألف من 182 مقعدا، حرصت على أستقطاب المرأة ولم تخل قائمة من قائمات الأحزاب من العناصر النسائية اقتناعا بأهمية المشاركة النسائية في ترسيخ مقومات التقدم والرقي الاجتماعي. إلا

أن منزلة المرأة في المجتمع التونسي لم تشكلها المناسبات السياسية أو الانتخابية بل هي منزلة ترقى إلى اختيار استراتيجي وإلى نمط مجتمعي ارتضاه الرجل والمرأة مناصفة وتعاونا على صياغته منذ أكثر من أربعة عقود أي منذ صدور مجلة الأحوال الشخصية في 13 أغسطس 1956. وبالقياس إلى ديناميكية المرأة على الساحة السياسية فإن كل المؤشرات أعطتها فرصة الظفر بحوالي 20% من مقاعد مجلس النواب، وهي نسبة محترمة وغير موجودة في البرلمانات العربية. كما تقدّم التجمّع الدستوري الديمقراطي (الحزب الحاكم) بمبادرة من رئيسه زين العابدين بن علي للأنتخابات التشريعية ليوم 24 أكتوبر 1999 تقدّم بقائمات لهذه الانتخابات ضمّت مجموعة من العناصر النسائية ذات الكفاءة وعيّن لأول مرة في تاريخه أمرأتين على رأس قائمتين لدائرتين انتخابيتين كانت فيهما المنافسة بين كل المترشحين للأحزاب السياسية فضلا عن القائمات والتحالفات المستقلة وفازت 19 امرأة رشحها التجمّع الدستوري الديمقراطي للأنتخابات التشريعية .

1-المرأة التونسية في الهيئات المنتخبة :

على غرار التجمّع الدستوري الديمقراطي راهنت بقية الأحزاب على حضور المرأة وعلى دورها في الحياة السياسية وبذلك أكدّت وفاءها لنص ولروح الميثاق الوطني الموقّع في 7 نوفمبر 1988 وكان ذلك الميثاق بمثابة عقد شرف بين أحزاب ومنظمات واتحادات وجمعيات المجتمع المدني الضامن لحق المجتمع في التنمية وفي الديمقراطية والحرية والمساواة والسلم الاجتماعية والعدالة بين أفراده ذكورا وإناثا بدون تمييز .

وعندما طرح بن علي برنامجه الانتخابي أفرد المرأة بمحور مهم من برنامجه من أجل تكريس المساواة بين المرأة والرجل في الحياة العامة لجعلها شريكة كاملة الحقوق مع تأمين حضورها بشكل أوسع في مواقع العمل .

وهنا يمكن الإشارة إلى أن تطور تمثيل المرأة في البرلمان منذ عام 1959 لم ينقطع حيث بلغ نسبة 1،12%، ثم أرتفع إلى 4،16% سنة 1989-1990 وتطور من

نسبة 7% سنة 1994 /1995 إلى نسبة 11% في آخر انتخابات تشريعية سنة 2000/1999، بالأضافة إلى منصب مساعد الرئيس الثاني لمجلس النواب مخصص دائما للمرأة .

وضم مجلس النواب في أعقاب الانتخابات التشريعية التي جرت في أكتوبر 1999، 21 نائبة من مجموع النواب البالغ عددهم 182 نائبا .وبلغ عدد الناخبات 1570131 من مجموع الناخبين البالغ عددهم 3387542 ناخبا .

ويوضح الجدول التالي توزيع المقاعد في مجلس النواب حسب الانتماء السياسي والجنس

الانتماء السياسي	عدد النواب	
	رجال	نساء
التجمع الدستوري الديمقراطي	128	20
حركة التجديد	5	-
حركة الديمقراطيين الاشتراكيين	13	-
حزب الوحدة الشعبية	7	-
الاتحاد الديمقراطي الوحدوي	6	1
الحزب الاشتراكي التقدمي	2	-
المجموع	161	21
المجموع الكلي 182		

المصدر: وزارة الداخلية التونسية .

ولما كانت المجالس البلدية مدرسة للديمقراطية، تعهّد بن علي في برنامجه الانتخابي بالعمل على حضور زهاء 20% في المجالس البلدية، وبالفعل تم انتخابها في مايو 2000 وهذه أرفع نسبة تسجلها المرأة منذ استقلال تونس سنة1956.

وفي هذا السياق، تطور تواجد المرأة في المجالس البلدية وانتقل من نسبة 14% سنة 1994 إلى نسبة 21.06 % في الانتخابات الأخيرة 2000/1999 أي نسبة تمثيل

المرأة في البلديات زادت عن النسبة التي تعهد بها بن علي، فضلا عن رئاسة بعض البلديات . وبالتالي ارتفعت نسبة حضور المرأة مجالس البلديات من 1.29% عام 1957 إلى 13.6 % سنة 1990 إلى 16.55% سنة 1995 .

ويوضح الجدول التالي تطور عدد مستشارات البلديات من عام 1985 إلى 2000

الولاية	عدد النساء	المجموع الكلي	النسبة المئوية %
1990-1985	464	3548	14
1995-1990	521	3920	13.5
2000-1995	677	4090	16.55

وبلغ عدد اللاتي يشغلن منصب نائب الرئيس في البلديات بالنسبة إلى للولاية في عام 2000 ،110 نساء من بينهن 5 يشغلن منصب المستشار الأول. كما يبلغ عدد البلديات التي يوجد بها نساء مستشارات 254 بلدية من مجموع عدد البلديات في تونس البالغ 257 بلدية. وتولت امرأة منصب رئيس المجلس البلدي للمرأة الأولى في عام 1980.

وفي المجلس الاقتصادي والاجتماعي تمثل المرأة بنسبة 10% كما أن امرأتين توجدان من ضمن 15 عضوا في المجلس الأعلى للقضاء. وفي سنة 1998 تم تعيين 46 امرأة في صلب المجالس الجهوية للتنمية وبنسبة تمثل 20%.

2-المرأة في سلطة القيادة والتسيير :

ولئن بدا التجمّع الدستوري الديمقراطي حزب الأغلبية والذي يعدّ في صفوفه أكثر من مليوني منخرط أكثر استقطابا للمرأة بحكم عراقته واختياراته وتوجهاته الحضارية والتقدميّة فإن المرأة تناغمت مع هذا الحزب ووجدت فيه المجال الرحب للنشاط وللبروز حيث أنها فاعلة في هياكله القاعدية وممثلة بنسبة 21% في لجنته المركزية وفي سلطة القيادة والتسيير ذلك أنها عضو في الديوان السياسي

للتجمع - أعلى سلطة في الحزب - بعدما عزّز عهد التحوّل بقيادة بن علي مكانتها بما جعلها تمثل 30% من القوى العاملة النشيطة في البلاد كما أنها تمثل 25% من سلك القضاة و60% من الصيادلة و50% من سلك التعليم و25% من المحامين وأكثر من نصف الكوادر شبه الطبية ... ولا يوجد مجال مهني غابت عنه المرأة حتى في أدق الاختصاصات مثل قيادة الطائرات بعدما احتلت منصب السفيرة والوزيرة .

وخلال سنوات تحول السابع من نوفمبر 1987 ظهر جيل جديد من النساء صاحبات الأعمال اللائي تفاعلن مع المسار الاقتصادي التحرري وبادرن بتركيز مشاريع ومؤسسات خاصة إذ توجد في تونس اليوم أكثر من 5000 امرأة صاحبة مشروع تديره بنفسها .

وتفعيلا لقدراتها الاقتصادية استطاعت المرأة أن تستفيد من تمويلات البنك التونسي للتضامن الذي موّل في الآونة الأخيرة -رغم حداثته -أكثر من 1880 مشروعا لصالح المرأة بكلفة 6 فاصل 5 مليون دينار وخاصة من حاملات الشهادات الجامعية ومن خريجات مراكز التكوين المتخصصة في مجالات الخدمات والصناعات التقليدية والصناعات الالكترونية .

والمرأة التونسية التي ساندت مشروع الرئيس بن علي الإجتماعي والسياسي منذ بدايته بفعل ديناميكيتها وتفتحها وتغلغلها في كل الأوساط السياسية والمهنية والأجهزة الاقتصادية والاجتماعية، عرفت كيف تحافظ على مكاسبها وعرفت كيف تثبت أنها جديرة بالمشاركة بالامر الذي حدا بالرئيس بن علي، إلى تعزيز منزلتها بتطوير وتنقيح الكثير من التشريعات التي شملت خاصة مجلة الاحوال الشخصية ذاتها ومجلة الشغل والمجلة الجنائية ومجلة الجنسيّة مع إصدار مجلة جديدة وهي مجلة حقوق الطفل الضامنة لتنشئة الاجيال على قيم المساواة واحترام حقوق الانسان فضلا عن جملة الآليات الجديدة مثل صندوق النفقة وإسناد حقيبة وزارية لأمرأة في تشكيلة الحكومة على رأس وزارة شؤون المرأة والأسرة وهي في نفس الوقت عضو في الديوان السياسي للتجمــع الدستـوري الديمــقراطي (الحزب الحاكــم).

كما ركّز بن علي مجلسا وطنيا للمرأة والـ أسرة وأنشأ مركزا للدراسات والبحوث والتوثيق والإعلام حول المرأة وظل يدعم كل أعمال الاتحاد الوطني للمرأة التونسية ويتابع اسهامها وحضورها في أكثر من 7000 جمعية تؤثث المجتمع المدني التونسي

3- المرأة والعمل :

تشكل النساء 31% من قوة العمل في تونس، كما أن 36% من النساء التونسيات يعملن. ويقدّر عدد النساء اللواتي يشغلن مراكز رفيعة في مجال الأعمال والتجارة بـ1500 امرأة. كما سعت الحكومة إلى إدماج نماذج تتعلق بالنوع الأجتماعي (الجندر) في التخطيط للتنمية. ووقفت تونس منذ زمن بعيد موقفا تقدميا إزاء مشاركة المرأة في قوة العمل. ووضعت الحكومة التونسية في سنة 1966 السياسيات الخاصة بإجازات الولادة وبحماية وظائف الأمهات .

وأعلنت وزارة الدفاع التونسية في 26 نوفمبر 2002 فرض الخدمة العسكرية الإلزامية على المرأة التونسية ابتداء من سنة 2003 تعزيزا للمساواة بين الجنسين. وكان نواب في البرلمان التونسي بينهم نساء طالبوا خلال الأعوام القليلة السابقة بأن تكون الخدمة العسكرية إلزامية على النساء. وصرح وزير الدفاع بأن تجنيد النساء سيطبق تدريجيا .

لذلك راعى المشرع التونسي وضع المرأة في العمل وعمل على حماية صحتها وقيمها الأخلاقية، لذلك تضمن مجلة الشغل (قانون العمل) الضمانات والتنظيمات التالية: أولا، ضمان عدم فسخ عقد العمل في حال التغيب الناتج عن وضع الحمل. فلا يجوز لصاحب العمل فصلها بسبب غيابها قبل أو بعد الوضع، وإذا قام بذلك يلزم بغرم الضرر لفائدة المرأة العاملة، على أن يتحتم على المرأة العاملة أن تعجل بأعلام رئيسها بغيابها .

ثانيا: ضمان حماية المرأة الحامل إذا تغيبت غيابا طويلا، فلا يجوز للمؤجر أن يحدد مدة إنذار للمرأة الأجيرة المتغيبة لمرض مزمن طويل له علاقة بحمل أو وضع،

شريطة أن لا يتجاوز هذا الغياب أثنى عشر أسبوعا بعد انقضاء إجازة الولادة. هذا بالإضافة إلى عدة تنظيمات من أهمها راحة الليل، حيث يمنع تشغيل النساء ليلا من الساعة العاشرة الى الساعة السادسة. ولكن لا يطبق هذا القانون في حالة الضرورة القصوى أو إذا كان التشغيل ضروريا لإنقاذ المواد الأولية التي في طور الإعداد من التلف. كما أوجب الفصل (76) من قانون العمل المحافظة من طرف رؤساء المؤسسات على الأخلاق الحميدة والآداب العامة وخاصة في المحلات التي تعمل بها النساء .

وتوضح الأحصائيات الرسمية الدور الفعال الذي تقوم به المرأة في سوق العمل التونسي، وتطورت نسبة النساء من السكان النشطين من 5.5% سنة 1966 إلى قرابة 22% وتتوزع نسبة حضور المرأة في أهم القطاعات الاقتصادية كالآتي: 42.9 في القطاع الصناعي، و 24.16% في الإدارة والخدمات ،و 22.65% في القطاع الفلاحي. المرأة العاملة في القطاع الصناعي من الانتفاع بالتسهيلات التي وفرتها الدولة للصناعيين والمستثمرين فيما يتعلق بالقروض .

ويبلغ عدد النساء صاحبات المشاريع زهاء 5000 امرأة، تنشط 85% منهن في قطاعي الصناعة والصناعات التقليدية و 8% في قطاع التجارة و 7% في قطاع الخدمات .

وتحتل النساء موقعا مهما ومحترما في الوظيفة العمومية ضرورة أنهن تمثلن 24.5% من أعوان الوظيفة العمومية. كما تكاثر حضورهن في القطاعات السياسية والجمعياتية والاقتصادية والاجتماعية، فتمثل النساء 33% في السلك الطبي وشبه الطبي، وفي التعليم تمثل النساء 50% من المدرسات في الابتدائي والثانوي والعالي. أما حضور المرأة في مختلف أجهزة العدالة بتونس فقد شهد تطورا ملحوظا على الصعيدين الكمي والنوعي، ارتفعت نسبة حضور المرأة في قضاء الحق العام من 22.71% سنة 1992 لتبلغ 23.04% سنة 1997 و 24% سنة 2000. أما على الصعيد النوعي الذي شهد تطور حضور المرأة في القضاء، فيتمثل في الخطط الوظيفية الجديدة التي اصبحت تتقلدها العديدات من القضاة النسوة مثل رئيسات محاكم أو

رئيسات دوائر أو قضاة أسرة أو قضاة أطفال إلى أعلى رتبة في القضاء سنة 1998 وهي رئيسة دائرة محكمة التعقيب، ولا تكاد هيئة قضائية تجلس اليوم في المحاكم إلا وتكون بين أعضائها سيدة وقد كانت هذه المناصب حكرا على الرجال إلى وقت قريب. وبالنسبة لمساعدي القضاة، شهدت نسبة حضور المرأة في سلك المحاماة تطورا ،إذ ارتفعت من 10% عام 1992 من مجموع المحامين الى 12% عام 1997.

كما استطاعت المرأة التونسية أن تكتسح الميدان العسكري إذ أفسح المجال أمامها عام 2002 للأنخراط في السلك العسكري بعدما بات عملها في الشرطة أمرا مألوفا إلى درجة أن زائر تونس لا يكاد يرى في مفترقات الشوارع سوى شرطيات ينظمن حركة السير ويحظين بأحترام كبير من السواقين .. كما ظهرت فئة من سيدات الأعمال ما فتئت تتوسع وهن أنشأن منذ سنوات جمعية خاصة بهن ما أنفك تأثيرها يتزايد. وعبّدت قائدة الطائرة علياء منشاري (تخرجت عام 1981 من معهد الطيران) الطريق لسيدات كثر غدون قائدات طائرات في شركة " الخطوط التونسية " وعلى الصعيد السياسي أيضا فهي نائبة في البرلمان وعمدة مدينة وعضو في القيادة الحزبية العليا منذ الثمانينات، وتبوأت سيدة للمرة الأولى منصبا وزاريا في تونس منذ ربع قرن وتوجد حاليا خمس سيدات في الحكومة. وبموجب قانون سنّ في أواخر التسعينات تم تخصيص 20% من مقاعد مجلس النواب والمجالس البلدية للسيدات .

وكثفت الدولة من سبل تطوير القدرات المهنية والحرفية للمرأة الريفية النشيطة وتأهيلها للعب دور قوي في السياسة التنموية التونسية من بينها منح هياكل الدولة وبعض الجمعيات التنمية في هذا المجال إمكانيات اقتصادية يمكن للمرأة الريفية أن تتمتع بها وتتمثل أساسا في إسناد قروض وحوافز متنوعة حسب الحاجة ونوع المشروع والفئة الاجتماعية بهدف الإدماج الاقتصادي للمرأة الريفية وتعويلها على ذاتها في إحداث موارد رزقها لضمان نشاط مدر للدخل يحميها من الفقر ويعطيها القدرة على مزيد النهوض بذاتها وأسرتها .

ولتكامل منظومة دعم المرأة الريفية التونسية كنموذج فريد في العالم العربي، ركزت الدولة على محو الأمية في الوسط الريفي من خلال ثلاث خطط تنموية تستهدف القضاء على الأمية إذ كانت 60% من النساء الريفيات أميات في مقابل 32% من الرجال، ومن المنتظر أن تنخفض هذه النسبة إلى مستويات أدنى بحلول عام 2006 حسب ما هومخطط له من خلال برامج محوالأمية التي تسهم إلى حد كبير في تعليم النساء القراءة والكتابة والحساب ودعم قدراتها على المناقشة والحوار وبناء الأفكار .

وأخيرا، اهتمت الدولة بصحة المرأة الريفية الأساسية والإنجابية من خلال توفير اللقاحات الضرورية ضد الأمراض، والفحص الطبي السابق للـزواج كوثيقة ضرورية لإتمام عقد الزواج، وتوفير عيادات مراقبة الحمل وغيرها من الخدمات الصحية لراعاية المرأة الريفية وأسرتها، بالإضافة إلى الرعاية الأجتماعية من خلال خدمات وبرامج اجتماعية متعددة.

4-المرأة في الهيئات القضائية :

منذ أن عينت أول امرأة تونسية قاضية في عام 1968 لم يكف عدد النساء التونسيات في مختلف محافل العدالة التونسية عن الزيادة وبخاصة خلال التسعينيات والذي اتسم بتحول نوعي هام مع دخول المرأة إلى سلك العدالة .

وفي عام1988كانت هناك 88 قاضية من بين 733 قاضيا، أي بنسبة 10.5%. وقد تضاعفت هذه النسبة في عشر سنوات حيث بلغ عدد النساء 258 من مجموع 1105 قضاة أي بنسبة 23.3% ثم زادت هذه النسبة إلى 24% عام 1998، وهي أعلى نسبة موجودة في البلدان العربية والإسلامية التي تسمح قوانينها بتعيين قاضيات .

أما عام 1997 فقد بلغت عدد القاضيات 290 قاضية من مجموع عدد القضاة 1282 قاضيا .، أي بنسبة 22.6% موزعات على النحو التالي :

-    265 قاضية (قاضيات قانون عام) من مجموع 1150 قاضيا أي بنسبة 23.4%.

- 15 قاضية (قاضيات في ديوان المحاسبة) من مجموع 82 قاضيا أي بنسبة 18.29% .
- 10 قاضيات (المحكمة الإدارية) من مجموع 50 قاضيا أي بنسبة 10% .

ويوضح الجدول التالي تطور عدد القاضيات 1992-1999

العام	النساء	الرجال	المجموع	النسبة المئوية للنساء
1992	231	786	1017	22.71
1997	265	885	1150	23.04
1998	291	921	1212	24.00
1999	310	993	1303	23.07

كما تشغل النساء جميع وظائف المساعدين القضائيين. وفي عام 1998 كن يشغل 21.60% من هيئة المحامين (مقابل 10% في عام 1992) كما يشغلن تدريجيا الوظائف الأخرى التي ظل الرجال يهيمون عليها كما يتبين من الجدول أدناه :

إحصاءات المساعدين القضائيين 1998

المساعدون القضائيون	مجموع الذكور	النسبة المئوية	مجموع الإناث	النسبة المئوية	المجموع العام	النسبة المئوية
موثق	521	95	29	5	550	100
حاجب محكمة	645	95	35	5	680	100
محامي	2176	78.4	600	21.6	2776	100
خبير قضائي	1745	98	42	2	1787	100
مترجم محلف	44	84	8	16	52	100

ولأول مرة عينت امرأة في عام 1998 رئيس أول لديوان المحاسبة أحد أسمى المناصب القضائية في البلد، وهي حاليا عضو في اللجنة المعنية بالقضاء على جميع أشكال التمييز ضد المرأة .

وتم إنشاء منصب قاضي الأسرة وقاضي شؤون الأطفال في عام 1993 و 1996 على التوالي بغية المساهمة في إرساء احترام أفضل لحقوق المرأة والطفل وحقوق جميع أفراد الأسرة بصفة عامة. وقد جرى منذ عام 1989 تعيين قاضيات رئيسات دوائر، رئيسة دائرة محكمة تونس استئناف تونس عام 1994، ومديرة للشؤون المدنية، ومديرة للشؤون الجنائية في وزارة العدل .

وتوجد أيضا 16 قاضية رئيسات دوائر في محكمة النقض، و7 رئيسات دوائر و 40 مستشارة في محاكم الاستئناف، ورئيستان و19 نائبة رئيس في المحاكم الابتدائية. وفي مارس 2000 تم ترفيع قاضية لتتولى لأول مرة منصب رئيس أول إحدى محاكم الاستئناف .

وتجدر الإشارة إلى ارتفاع نسبة النساء في سلك المحامين من 10% سنة 1992 إلى 12% عام 1997 إلى 21.60% سنة 1998. كما اجتازت 14 امرأة مسابقة دخول المعهد العالي للقضاء عام 1998 من مجموع 75 تقدموا للمسابقة .

6- المرأة في الجهاز التنفيذي والهيئات السياسية :

وزيرتان وكاتبتا دولة ومستشارة لدى رئيس الجمهورية. كما أقدمت الحكومة التونسية على اختيار بيروقراطي من أجل دعم ما أسمته "بنفاذ المرأة إلى مواقع القرار" وذلك باختيار 17 امرأة يعملن من أجل تيسير هذه المهمة في مختلف الدواوين الوزارية .

ويوضح الجدول التالي نسبة النساء المتواجدات في بعض المؤسسات الوطنية في عام 1994:

المؤسسات	%
مجلس النواب	11.5
المجالس البلدية	21.6
المجلس الاقتصادي والاجتماعي	11
المجلس الاعلى للقضاء	13.3

7- المرأة في الوظيفة العمومية :

ارتفعت نسبة النساء التي يشغلن خطة مدير عام 4.54% إلى 9.96 % يضطلعن بمهمة مدير.

مرت نسبة الإطارات النسائية اللاتي يشغلن خطة وظيفية من 12% سنة 1992 إلى 14% سنة 1998. وبلغت نسبة المنتفعات بالتكوين في المدرسة القومية للإدارة 40% في السنة الدراسية 1997-1998.

والجدول التالي يوضح نسبة النساء في أهم قطاعات النشاط سنة 1994

القطاع	%
الفلاحة والصيد البحري	20.4
الصناعات المعملية	40.2
المناجم والطاقة	0.4
البناء والأشغال العامة	0.6
الخدمات والتجارة	17.3
التعليم والصحة والإدارة	21

المصدر: المعهد الوطني للإحصاء

8- المشاركة السياسية للمرأةالليبية:

تشارك المرأة الليبية في العمل السياسي أسوة بالرجل من خلال سلطة الشعب، ومن خلال مبدأ الديمقراطية المباشرة المتمثلة في المؤتمرات الشعبية الأساسية ومؤتمر الشعب العام، ولكل مواطن الحق في التعبير عن آرائه السياسية حيث ينص قانون تعزيزالحرية في مادته الثانية إلى أنه " لكل مواطن الحق في التعبير عن آرائه وأفكاره والجهر بها في المؤتمرات الشعبية الأساسية وفي مؤتمر الشعب العام وفي وسائل الإعلام الجماهيري ولا يسأل المواطن عن ممارسة هذا الحق إلاّ إذا استغله للنيل من سلطة الشعب أو لإغراضه الشخصية " .

وبذلك يحق للمرأة كما للرجل التعبير بصوت عالٍ عن آرائها وأفكارها وهي أيضا عضو بالنقابات والاتحادات والروابط المهنية، وعضو كذلك في اللجان الشعبية (الوزارات)، حيث يحق للمرأة التقدم بترشيح نفسها لشغل المناصب القيادية أسوة بالرجل. وقد شغلت المرأة الليبية فعلا عدة مناصب نذكر منها على سبيل المثال أمينة الجنة الشعبية العامة للتعليم (وزيرة تعليم)، وأمينة اللجنة الشعبية العامة للإعلام والثقافة (وزير الإعلام)، وأمينة مساعدة لأمين مؤتمر الشعب العام بمثابة (نائب رئيس البرلمان)، وأمينات مساعدات للجان الشعبية بالبلديات (نواب لرؤساء السلطة التنفيذية في داخل الولاية)، وتشغل حاليا منصب أمينة الشؤون الاجتماعية بأمانة مؤتمر الشعب العام، وبذلك فلا توجد أية عقبات تحول دون مشاركة المرأة المشاركة الكاملة في الحياة السياسية والحياة العامة .

وقد اتخذت الجماهيرية العظمى عدة إجراءات من أجل اهتمام المرأة في العمل السياسي ودفعها لتصبح عضوا فعّالا في برامج التنمية على كافة المستويات حيث سنت القوانين واتخذت التشريعات الوطنية ومن بينها الوثيقة الخضراء لحقوق الانسان، وقانون تعزيز الحرية، وقانون العمل وغيرها من القوانين التي تساوي بين الرجل والمرأة. كما أنها أنضمت إلى اتفاقية القضاء على جميع أشكال التمييز العنصري ضد المرأة وأصبحت ملزمة بها ونافذة .

كما أنها اتخذت إجراءات أخرى لتشجيع النساء على المشاركة الفعّالة في مخططات التنمية وتنفيذها على جميع المستويات .... ومنها :

1- إنشاء مؤتمرات شعبية نسائية تناقش فيها جميع الأمور المتعلقة بالسياسة الداخلية والخارجية ومخططات التنمية والميزانيات السنوية وتقارير المتابعة للمشروعات المختلفة. وبحضور النساء جلسات هذه المؤتمرات تشارك مشاركة فعلية في اتخاذ القرارات المتعلقة بخطط التنمية وفي المجالات المختلفة .

2- تتولى إدارة جلسات المؤتمرات الشعبية الأساسية النسائية أمانة مشكلة من النساء.

3- اهتمام النساء بمختلف السبل والوسائل من أجل المساهمة في جميع الأنشطة الاقتصادية والاجتماعية وإعطاء الأولوية لهن في تولي بعض الوظائف بل قصر بعضها على المرأة فقط.

4- إنشاء العديد من المرافق التعليمية والتدريبية والخدمية التي ساعدت المرأة على اقتحام مختلف ميادين العمل التي تتناسب وقدراتها الطبيعية .

ومما سبق، يتضح أن المرأة الليبية تتمتع بحقها في المشاركة السياسية سواء بحضورها مع الرجل في المؤتمرات الشعبية الأساسية أو بحضورها في المؤتمرات الشعبية النسائية وكذلك من خلال حضورها بمؤتمر الشعب العام الذي يضم مواطني الجماهيرية رجالا ونساء.

كما شجعت الجماهيرية العظمى أيضا النساء على اقتحام العمل السياسي والدبلوماسي والقنصلي وذلك بالعمل باللجنة الشعبية العامة للاتصال الخارجي والتعاون الدولي (وزارة الخارجية) وتدرجت في الوظيفة من درجة ملحق وأمين ثالث وأمين ثاني وأمين أول إلى درجة مستشار ومساعد خبير (وزير مفوض) وخبير (سفير) كما تم إيفادهن كممثلات للجماهيرية العظمى في العديد من المؤتمرات الإقليمية والعالمية والملتقيات الدولية .

وبالرغم من حداثة اقتحام المرأة الليبية لهذا المجال فقد أثبتت جدارتها وتجد كل الدفع والتشجيع والمساندة ولا يوجد أي تمييز أو عقبات تحول بينها وبين تمثيل بلادها في الخارج، وخير دليل على ذلك فقد تقلدت المرأة الليبية منصب الأمين المساعد لجامعة الدول العربية بالقاهرة والمندوبة الدائمة لبعثة الجماهيرية العظمى لدى الأمم المتحدة بجنيف / سويسرا. كما تم إيفاد عدد من الدبلوماسيات وعلى مختلف درجاتهن للعمل في المكاتب الشعبية – السفارات – في عدد كبير من عواصم العالم، وكذلك تم إيفاد عدد آخر من الأخوات الإداريات للعمل أيضا بالمكاتب الشعبية تشجيعا من الجماهيرية العظمى للمرأة للعمل في كل المواقع .

ويوضح الجدول التالي ملامح مشاركة المرأة الليبية طبقا لتقرير التنمية البشرية 1999.

الملامح الأساسية للتنمية البشرية	السنة	المؤشر
معدل مشاركة النساء في النشاط الاقتصادي (العاملات)	1964	4.15
	1973	5.86
	1984	11.12
	1995	14.52
معدل البطالة بين النساء	1964	9.30
	1973	2.50
	1984	3.50
	1995	8.60
النساء في المناصب الإدارية %	1964	4.60
	1973	16.50
	1984	7.40
	1995	9.37
النساء في المناصب القضائية	1964	—
	1973	0.80
	1984	3.90
	1995	16.20
النساء في المناصب الصحية	1964	19.9
	1973	29.00
	1984	39.00
	1995	49.30
النساء في المؤتمرات الشعبية الأساسية %	1998	35.00

ومن الجدول السابق يتضح انخراط المرأة الليبية في المجتمع والمشاركة في ميادين الحياة المختلفة. وبالرغم من ذلك فإن نسبة مساهمة المرأة في المناصب والمواقع القيادية المختلفة ما تزال ضعيفة .

المرأة في فكر القذافي :

تربعت المرأة الليبية في ظل ثورة الفاتح على عرش الحرية بلا منازع، وجلست فوق قمة هرم المساواة بتقلدها العديد من المناصب الهامة في المجتمع الجماهيري، فهي اليوم الضابطة والطبيبة والمحامية والصحفية وصاحبة السلطة وصانعة القرار. وبفضل تحريض نصير المرأة ومحررها عاصرت المرأة الليبية تجربة فريدة من نوعها لم يقر التاريخ بجدوتها من قبل، وتعد مرحلة تحول خطيرة في حياة المرأة الليبية التي كانت ولا زالت محط أنظار العالم الذي اعترف بشخصيتها الفذة بترشيحه لها سفيرة لحقوق الإنسان، ولولا الوثيقة الكبرى لحقوق الإنسان التي قدمتها ثورة الفاتح وعلى طبق من ذهب للمرأة الليبية لما نالت هذه المكانة وعلا شأنها ودخلت للمرة الألف التاريخ من أوسع الأبواب. والمرأة الليبية هي (أم التاريخ) هذا القول ليس من باب المبالغة بقدر ما هو حقيقة وواقع لا تزال بصماته عالقة بجدران ذاكرة الحضارات الإنسانية العريقة (الأكاكوس والجرمانت) القاعدة الأساسية التي أرست عليها المرأة الليبية دعائم التاريخ .

ومكانة المرأة الليبية وعلى مدى الأزمنة إلى يومنا الحالي رفيعة جدا، وصلت إلى مرتبة التقديس في عهد الأغريق فالآلهة (أثينا) اليونانية هي الآلهة (تاتنيت) ربة الخصب الليبية. واللوحة التشكيلية التي رسمها الفنان (مايكل انجلو) في القرن السادس عشر " للعرافة الليبية " هي خير شاهد على ذلك .

ومن بين المقولات التي يرددها معمر القذافي عن المرأة " إن أهم مكافأة بالنسبة لي هو أنني أرى المرأة في بلادي قد تحررت وأصبحت قوية وصوتها عاليا، هذه المكافأة الحقيقية التي أتمناها وأرجوها "،" المرأة هي القادرة دوما على رسم

ابتسامة الحياة في المجتمع "،" وتبقى المرأة هي محور الأشياء ... ويبقى الرجل والمرأة كلاهما عنصر الحياة في كل أطوارها ".

ويتضح من المقولات السابقة أهمية المرأة ورفعة شأنها في فكر القذافي بعد أن مرّت مسيرة المرأة في ليبيا بمراحل متوالية من المعاناة القاسية والأوضاع المأساوية، ويكفي أن نقول إنها كانت تعيش الفجيعة الاجتماعية بكل أبعادها ودلالاتها نتيجة عهود التخلف من جراء الاستعمار والظلم والكبت والجهل، فبالرجوع إلى الحياة الاجتماعية التي كانت سائدة في المجتمع الليبي قبل بزوغ ثورة الفاتح من سبتمبر حيث كانت البيئة الاجتماعية تفرض عزلا قاسيا بين نساء المجتمع ورجاله من خلال تبني أيديولوجية تقليدية كانت ترى من مصلحتها أن تظل المرأة في حالة غيبوبة دائمة وخاضعة لميز عنصري يمارس ضدها .

وبهذه الايديولوجية، ابتزت المرأة واستغلت وتعرضت لمجموعة من الاختزالات والاستلابات لكيانها، عبّرت عنها مرحلة الستينات تعبيرا صادقا من خلال الكتابات والأنات النسائية التي ظهرت كانعكاس لحالة القهر والظلم والاستبداد التي كانت تعيشها المرأة كحرية مستلبة وأداة معطلة .

ولعل العقيد " معمر القذافي " وهو يفكر في الثورة، قد وضع أمر المرأة من أولى اهتماماته كقضية مجتمع وقضية فكر وقضية حرية .وبهذا حظيت المرأة في الجماهيرية، بما لم يحظ به غيرها من نساء العالم. فقد خص قائد الثورة العقيد معمر القذافي وهو القائد وهوالمناضل المرأة بفيض من عطائه الفكري والعقلي والثقافي من خلال ترشيده وتحريضه المستمر لها بأن تأخذ مكانها الطبيعي في المجتمع أسوة بأخيها الرجل .

دعاها في أكثر من مناسبة إلى أن تتمرد وتثور على واقعها المتردي، فالثورة هي التصحيح الإيجابي لهذا الواقع. وفلسفة التمرد عند معمر القذافي تختلف عن غيرها، فهي لم تستمد معطياتها من مصدر ماضوي أثري يقدس التقاليد البالية، ولا من مصدر تغريبي يبحث في تراكمات الوعي الغربي ليجعل من المرأة بضاعة تسويقية تحكمها المادة، بل هي نابعة من تعاليم الإسلام السمحة التي تكرّم المرأة

وتقرر مساواتها إنسانيا بالرجل، وتندد بالوأد وتشّدد في وجوب معاملتها المعاملة الحسنة عملا وقولا. يقول القذافي في خطاب ألقاه في الكلية العسكرية للبنات في الفاتح 1983 " بالأمس القريب كانت المرأة حبيسة الحجاب وزنزانة البيت وسلطة الرجل المتخلّف الجلاد، وكانت تهدّد آدميتها ولم تحسب إنسانا على الإطلاق، حيث كانت تسيطر نظرية رجعية متخلّفة، النظرية التي أهملت نصف سكان المجتمع بل وقتلت نصف المواطنين ".

مشاركة المرأة في ثورة الفاتح

جاءت ثورة الفاتح وهي تحمل في طياتها الكثير من اجل المرأة الليبية خاصة ما يتعلق بتحقيق المساواة والتنمية والسلم على جميع المستويات من عدة اعتبارات تشكل في مجموعها الإطار العام لهذه الرؤية، ويمكن تحديد هذه الرؤية ومشاركة المرأة في ظل ثورة الفاتح فيما يلي:

أولا- الإطار المرجعي للعقيدة والفكر:

المجتمع العربي الليبي مجتمع مسلم ،دينه الإسلام وشريعته القرآن الكريم ومن ثم فإن العقيدة الإسلامية هي التي تحدد العلاقات وتقرر الحقوق والواجبات وأساليب التعامل بين الأفراد ذكورا وإناثا في جميع ميادين الحياة والإسلام كما دارت به تتقدم فيه فوارق الطبقية وتصان فيه الحقوق العامة والخاصة .

وفي مسألة عمل المرأة توضح النظرية العالمية الثالثة " أن المسألة ليست أن تعمل المرأة أو لاتعمل فهذا الطرح دوافعه مادية بحتة،فالعمل حق وواجب على المجتمع أن يوفر لكل أفراده القادرين عليه والراغبين فيه رجالا أم نساء ولكن أن يعمل كل فرد في المجال الذي يناسبه وأن لا يضطر تحت العسف أن يعمل ما لا يناسبه .

ثانيا- الإطار التشريعي والقانوني

استنادا إلى ما تضمنته العقيدة وأكد عليه الفكر بشأن مكانة المرأة في المجتمع الجماهيري. جاءت معظم التشريعات الليبية متوجهة بخطابها إلى المواطن بصرف النظر عن جنسه فمنحه حزمة من الحقوق دون تمييز بين الرجل والمرأة على أعتبار أن هذه الحقوق أساسية ولصيقة بالإنسان أيا كان ذكرا أم انثى، وإلى جانب ذلك أصدر المشرع الليبي " المؤتمرات الشعبية الأساسية " العديد من التشريعات التي تعنى بشؤون المرأة مستهدفا أمرين هما:

- الدفع بالمرأة لنيل حقوقها التي سلبت منها لقرون عديدة .

- مراعاة الطبيعة والتكوين البيولوجي للمرأة، وخاصة في مجال تحديد الواجبات من خلال تهيئة الظروف الملائمة لها للقيام بدورها كاملا في المجتمع بشكل طبيعي ومن اهم المجالات التي أكدت عليها هذه التشريعات :

1. مجال الحقوق السياسية

2. مجال الأحوال الشخصية .

3. مجال التعليم .

4. مجال الصحة والضمان الأجتماعي .

5. مجال الخدمة الوطنية .

6. مجال المسؤولية الجنائية .

ثالثا- الإطار الدولي والتعاون الدولي :

أيدت الجماهيرية جميع الخطوت والجهود المبذولة على جميع المستويات بشأن المساواة بين الرجل والمرأة والرفع من مكانتها والنهوض بها ودفعها في عملية التنمية الشاملة للمجتمع إلى جانب تأييدها لجهود الأمم المتحدة ومنظماتها وبلدان حركة عدم الأنحياز والأقطار العربية والإفريقية في سبيل إدماج المرأة وتحسين مركزها بدأ بإعلان عام 1975، عاما دوليا للمرأة .

بالإضافة إلى مشاركة المرأة الليبية في اجتماعات الجمعية العامة للأمم المتحدة ولجنة حقوق الإنسان، أهتمت اهتماما خاصا بالمتابعة والمشاركة في اجتماعات لجنة وضع المرأة حتى وصلت لتنال عضويتها لأكثر من مرة، كما شاركت في المؤتمرات الدولية والإقليمية وغيرها التي تتعلق بالمرأة وإلى جانب المشاركة، والتدريب من أجل المرأة وإلى غير ذلك حتى وصلت إلى توقيع اتفاقيات دولية ذات علاقة بحقوق الإنسان والمناداة بالمساواة بين الرجل والمرأة، وحرصا من الجماهيرية على أهمية التعاون الدولي في هذا المجال فإن هذه الاتفاقيات الدولية تشكل إحدى أهم المرتكزات للرؤية الوطنية لمكانة المرأة في المجتمع العربي الليبي.

رابعا- المناصب القيادية

وفي إطار ممارسة المرأة الليبية للسلطة ومشاركتها في الحياة السياسية قد تمكنت خلال السنوات الماضية منذ بداية الثورة من الوصول إلى العديد من المناصب الهامة والقيادية في كثير من المجالات الاقتصادية والاجتماعية والسياسية، وعلى سبيل المثال هذه المناصب :

1. أمينة اللجنة الشعبية العامة للتعليم " وزيرة التعليم"
2. كاتب عام اللجنة الشعبية العامة للإعلام " وكيل وزارة "
3. أمينة اللحنة الشعبية العامة للإعلام " وزير الإعلام "
4. أمينة مساعدة بمؤتمر الشعب العام " نائب رئيس البرلمان "
5. أمينة مساعد للجان الشعبية النوعية على المستوى البلدي
6. أمينة مكتب شعبي بالخارج " سفيرة"
7. أمينة لجنة شعبية بالشركات والمنشآت " رئيس مجلس الإدارة "
8. مندوب الجماهيرية بجامعة الدول العربية
9. بالإضافة إلى توليها مناصب قيادية بالإدارة العامة واقتحامها مجالات أخرى مثل القضاء والطيران والشرطة والقوات المسلحة، حيث كانت أول كلية

عسكرية للمرأة في العالم تم إنشاؤها في الجماهيرية العظمى بتخرج منها الكثير من الكوادر المؤهلة عسكريا.

وفيما يلي جدول إحصائي يوضح مشاركة المرأة في المناصب القيادية خلال الفترة من 1980-1984

الوظائف القيادية	1980			1984		
	المجموع الكلي	الإناث	%	المجموع الكلي	الإناث	%
الأمناء والأمناء المساعدون	279	5	2.0	1032	21	2.0
رؤساء الاقسام بالجهاز الإداري	979	22	2.2	2407	13	0.5
مدراء الأعمال بالقطاع الخاص	343	-	-	1994	70	0.4
المشرفون والمراقبون	5790	142	5.2	8045	143	1.0

وبالنظرإلى الجدول السابق يعتبر انخفاض مستوى مشاركة المرأة في الوظائف القيادية بالحياة الإجتماعية بالمجتمع العربي الليبي ليس نتيجة لوجود تمييز بين الرجل والمرأة في تولي هذه الوظائف أو قصور في التشريعات القانونية أو لنقص الكفاءات لدى العنصر النسائي بل يعود إلى اهتمامات المرأة في هذا المجال تعتبر حديثة بالقياس إلى وجودها في مجالات للقطاعات الأخرى، ولا شك أن توفر كليات ومعاهد متخصصة في مجال العلوم السياسية في أنحاء متعددة من الجماهيرية ووجود المرأة بزخم فيها سيتيح لها آفاقا مستقبلية واسعة في هذا المجال الهام.

خامسا- النشاط النقابي للمرأة الليبية

إن المواطنين الذين هم أعضاء في المؤتمرات الشعبية الأساسية ينتمون وظيفيا أو مهنيا إلى فئات مختلفة، لذا عليهم أن يشكلوا مؤتمرات شعبية مهنية خاصة بهم،

علاوة على كونهم مواطنون أعضاء في المؤتمرات الشعبية الاساسية أو اللجان الشعبية، وفي هذا الإطار فإن المرأة العربية الليبية مثلها مثل الرجل لتنتمي إلى العديد من المنظمات النقابية التي تمارس من خلالها أدوار قيادية هامة عن طريق ما يلي :

1. الروابط المهنية .
2. الاتحادات النسائية .
3. النقابات النسائية .

فقد بلغ عدد هذه الروابط والاتحادات والنقابات (32) تنظيما نسائيا وبلغ عدد العضوات بها حسب بيانات عام 1993 مجموعها (6200) عضوا، وهذه الورقة التي كانت بعجالة حاولت من خلالها الحديث على نشاط المرأة الليبية التي تمثل دورا بارزا وواضحا في مسيرة المرأة العربية بصفة عامة وفي مسيرة المرأة المغربية بصفة خاصة، فالمرأة العربية الليبية، وذلك بفعل ثورة الفاتح وبتحريض قائدها المفكر من أجل أن تستلم المرأة دورها الطبيعي في المجتمع الجماهيري لتحقيق التقدم والرقي للمجتمع من أجل وصول المرأة العربية لمكانتها المنشودة ولتكون المرأة في المغرب العربي المثال الرائد للمرأة العربية المناضلة من أجل حريتها .

المرأة الليبية والجندية :

يمكن الإشارة إلى انخراط النساء في الجندية بليبيا تم منذ خمسة وعشرين عاما مضت حيث تم افتتاح الكلية العسكرية للبنات في ليبيا تطبيقا لمقولة " الدفاع عن الوطن مسؤولية الجميع رجالا ونساء" حيث بدأت الكلية بنحو مائة طالبة وخرجت حتى الآن آلاف الضابطات وضابطات الصف اللاتي التحقن بمختلف فروع القوات المسلحة. وانطلاق أيضا من مقولة الدفاع عن الوطن مسؤولية كل مواطن ومواطنة تأسست الكلية 1979/9/1 حوالي ربع قرن خرّجت 22 دفعة من الكلية العسكرية والبنات ونواة تأسيس، والكلية العسكرية بنات نواة تأسيس كليات أخرى مثل كلية الشرطة كلية الجمارك كلية مدرسة ضباط الصف .

هذه التجربة التي بدت أشبه بالمغامرة في مجتمع محافظ إلى حد كبير أثارت الكثير من الجدل حول معنى وجدوى انخراط المرأة في العمل العسكري حتى "22دفعة" تخرجت في الكلية العسكرية للبنات بليبيا التي تأسست في 1979/9/1 وهي نواة تأسيس كليات أخرى كالشرطة والجمارك في وقت السلم ناهيك عن وضعها أثناء الحرب.

أما عن انضمام المرأة للجندية، فقد انقسم المجتمع الليبي إلى قسمين رافض ومؤيد يرى أن المرأة لا بد أن تكون جزءا من الإدارة العاملة لكي تتولى مسؤولية تدريب الجماهير النسائية التي هي جزء من الجماهير الشعبية، إضافة إلى أنها لا بد أن تتحمل مسؤولية الدفاع عن المناسبات المادية والمعنوية التي حققتها وأيضا لا بد أن يؤخذ في الاعتبار المستجدات والمتغيرات التي شملت فنون الحرب وأداة الحرب ووسائل الحرب وساحات القتال حيث أصبحت المزارع والبيوت والأزقة والشوارع والجامعات والمدارس والمصانع هي ساحات قتال وتغيرت الصورة التي كانت قبل ذلك وبالتالي المرأة موجودة في كل هذه القطاعات موجودة في كل هذه المواقع وبالذات البيوت حيث أصبحت كل غرفة من غرف البيوت هي ميدان القتال وساحة للقتال وهذه نشاهده بالعين المجردة في أكثر من موقع من مواقع العالم وعليه المرأة معنية لجملة هذه الاعتبارات ولجملة ولفلسفة وانطلاقا من فلسفة الشعب المسلح، فالمرأة بشكل تلقائي لا بد أن تتدرب وبشكل تلقائي لا بد أن تكون أداة من الإطارات العاملة ولهذا كانت الكلية العسكرية للبنات في ليبيا أول كلية عسكرية نسائية عالمية .

وبالنظر إلى الوضع في الكلية العسكرية للبنات نجده لا يختلف كثيرا عن مثيله في كليات الرجال باستثناء التفاصيل الصغيرة التي لا تكاد تؤثر في جوهر التدريب وشروط الانتساب والقواعد الصارمة التي تميز التدريب العسكري بشكل عام. فمنذ الصباح الباكر تكون الساحة العامة نقطة الانطلاق نحو التدريب اليومي المعتاد الذي يتضمن حركات المشي والتراصف وكل ما يتعلق بالتدريب الأساسي الذي ينبغي على كل طالبة أن تبدأ به خطوتها الأولى نحو المراحل اللاحقة، وفي

الساحة ذاتهاتتعلم الطالبات كيفية التعامل مع مختلف أنواع الأسلحة بداية بالبندقية ومرورا بالمدافع المضادة للطائرات حتى تصل إلى مرحلة التخصص التي تحدد فيما بعد نوع السلاح الذي ينبغي أن تستخدمه. وفي الفصول الدراسية والقاعات يكون التدريب النظري خطوة مكملة ومتوازية مع التدريبات الميدانية حيث تقوم ضابطات متخصصات تخرجن من الكلية في سنوات سابقة بأعطاء الدروس حول مختلف أنواع الأسلحة وفنون القتال .

وبرغم الجدية والانضباط في الكليات العسكرية إلا أن الأمر لا يخلو في أوقات الفراغ من الترفيه والترويح عن النفس داخل المنتدى الثقافي الذي يتوسط عنابر الطالبات ويشكل جانبا مهما من الحياة اليومية داخل الكلية حيث تقتنص الطالبات أوقات الفراغ المتاحة للتسلية والترفيه في هذا المنتدى .

والخلاصة، يمكن القول أن فلسفة الشعب المسلح هي التي أدخلت المرأة الليبية إلى الكلية العسكرية وبعد مرور ربع قرن على هذه التجربة لا تزال العديد من المجتمعات والدول العربية تنظر إلى هذه الخطوة بشيء من الحذر والتحفظ، المرأة الليبية في الكلية العسكرية حقيقة تجاوزت مرحلة التجربة وصارت جزء من التركيبة الاجتماعية التي ينظر إليها هنا على أنها ليست فقط أحد حقوق المرأة لكنها واجب من واجباتها .

المرأة الفلسطينية والمشاركة السياسية

تعد المشاركة السياسية واحدة من أهم مؤشرات ودلالات التنمية في أي مجتمع، إذ لا يمكن الحديث عن التنمية بمفهومها الشامل دون التطرق لموضوع المشاركة السياسية، في الوقت الذي لا يمكن فيه الحديث عن التنمية دون التعرض لدور المرأة في هذه التنمية، وسعيها من أجل التأثير في خطط ومشروعات التنمية من خلال قنوات المشاركة السياسية، وتنعكس درجة مشاركة المرأة وفاعليتها إيجابيا في السياسات التنموية بأعتبار أن المرأة تمثل أكثر من نصف المجتمع.

وفي مجتمع فلسطيني يتسم بالمحافظة واحتفاء أقل بإمكانات النساء في ظل هيمنة ذكورية، تستأثر بالنصيب الأكبر من فعاليات الحياة المختلفة، يتوقع من النساء أن تبذل جهوداً مضاعفة من أجل إدماجها في عملية صنع القرار، كما أن التغيرات السياسية التي مرت على المجتمع الفلسطيني أتاحت للنساء في ظل ظروف كثيرة فرصة تاريخية من أجل تطوير أوضاعهن إيجابياً، من خلال الانخراط في العمل النضالي الجماهيري. وفي فترة الأنتفاضة على سبيل المثال استطاعت النساء الفلسطينيات فرض أنفسهن بقوة على الوعي الجماعي الفلسطيني، الشعبي والرسمي، لتقود بعد سنوات قليلة الكثير من المنظمات الأهلية والخيرية التي ساهمت بشكل أو بآخر في تأسيس مجتمع مدني في ظل غياب الدولة .

الخلفية التاريخية للمشاركة السياسية للمرأة الفلسطينية :

منذ بداية هذا القرن والمرأة الفلسطينية تشارك في معركة الاستقلال الاجتماعي والسياسي عبر تشكيلات مختلفة، بدأتها بالجمعيات الخيرية التي شكلت النواة الأولى لانطلاقة المرأة الفلسطينية نحو الاندماج في قضايا مجتمعها الحياتية لتتبلور فيما بعد ونتيجة للظروف السياسية التي مرت بها فلسطين إلى بؤر سياسية، عبرت عن نفسها في شكل اعتصامات ومظاهرات وعرائض احتجاج .

وترجع المصادر المختلفة أول نشاط سياسي نسائي ملحوظ للمرأة الفلسطينية إلى عام 1893 حيث خرجت النساء الفلسطينيات في مظاهرة احتجاج في العفولة على إنشاء أول مستوطنة يهودية في ذلك الوقت. وامتد نضال المرأة الفلسطينية ومشاركتها في الشأن الفلسطيني، وشكلت معركة البراق عام 1929 نقطة تحول مهمة في حياة المرأة الفلسطينية، إذ وقعت تسع نساء قتلى برصاص الجيش البريطاني مما دعاها إلى تصعيد نضالها لتغيير الأوضاع الاقتصادية والسياسية التي أحاطت بها خاصة بعد أن وجدت نفسها أمام المسؤولية الملقاة على عاتقها بعد عمليات الإعدام والاعتقال والمطاردة والسجن وهدم البيوت، التي قامت بها سلطات الانتداب البريطاني .

ونظمت النساء الفلسطينيات جهودهم لمواجهة الظروف المستجدة وتم عقد أول مؤتمر نسائي فلسطيني في مدينة القدس عام 1929، وانبثقت عنه اللجنة التنفيذية لجمعية السيدات العربيات، ثم أنشىء في العام نفسه الاتحاد النسائي العربي في القدس وآخر في نابلس، حيث قاما إضافة إلى اللجنة التنفيذية لجمعية السيدات العربيات بأدوار متعددة اقتصادياً، واجتماعياً وثقافياً ووطنياً متمثلة في المظاهرات، وتقديم الاحتجاجات إلى المندوب السامي البريطاني، وإرسال الرسائل إلى الملوك والحكام العرب .

وخلال الفترة من 48 وحتى 1967 نشطت المؤسسسات النسائية الخيرية كدور الأيتام ومركز المسنين وغيرها في إغاثة الأسر المنكوبة ،وإعداد المرأة وتأهيلها مهنياً، لتتوج نضالات المرأة في هذه الفترة بتأسيس الاتحاد العام للمرأة الفلسطينية عام 1965 كتنظيم شعبي نسائي له دور اجتماعي وسياسي بين صفوف النساء في المناطق المحتلة .

وبهذا فإن الوعي السياسي النسائي نشأ في أحضان حركة النضال الفلسطيني، ونما من خلال مؤسسات مجتمعية أصلاً. ووفر إنشاء منظمة التحرير الفلسطينية عام 1964، بديلاً سياسياً شكل مرجعية للحركة الوطنية الفلسطينية التي نمت في أحضانها الحركة النسوية مما جعلها تتقابل مع استراتيجية منظمة التحرير الفلسطينية الهادفة إلى تسيس الجماهير وزجها في النضال الوطني. وساهم هذا الوضع في تزايد التوجه السياسي للمنظمات النسوية الفلسطينية وتصاعد الحركة القومية النضالية بما أدى إلى إنشاء أول حركة نسائية في الريف عام 1978 وبحلول عام 1982 كان هناك أربع تنظيمات نسائية تتبع الأحزاب السياسية الفلسطينية الأربعة .

وأقتصر نشاط هذه المؤسسات (التنظيمات) على تقديم الخدمات الاجتماعية فقط غير أن تلك التجمعات النسائية التي خلقتها الحاجة إلى تقديم الخدمة الاجتماعية لفتت أنظار الأحزاب السياسية التي استخدمتها في حشد النساء للعمل السياسي وتدريجياً حملت المنظمات النسوية ملامح الأحزاب التي تولدت منها، حتى

غلب عليها العمل السياسي دون الالتفات إلى أهمية إبراز قضيتها المجتمعية، في حين ان الأحزاب لم تعط الحركة النسوية الفلسطينية حقها من الظهور وحمل قضاياها الذاتية مما انعكس سلباً على الحركة النسوية فشتت قدراتها ونقلت فئويتها إلى داخلها وهو ما أدى إلى غياب الأجندة النسوية التي تحمل هموم الحركة النسوية الفلسطينية .

ومع الانتفاضة الأولى 1987 عادت الحركة النسوية إلى طابعها الخدمي في ظل غياب الدولة لتسد العجز الذي فرضته الظروف السياسية في تلك المرحلة كنتيجة لازدياد الحاجة إلى الخدمات وتم إزاحة العمل السياسي لصالح العمل الاجتماعي. وتركزت الجهود على أعمال الإغاثة وخدمات رعاية الأطفال، وتعليم النساء المهارات التقليدية جنباً إلى جنب مع مقاومة الاحتلال من قبل المنظمات النسوية التابعة للفصائل السياسية. وهو الأمر الذي شكل دعماً للأحزاب ووسيطاً مهماً بين الفصيل والجماهير العريضة .

نشطت المرأة الفلسطينية بين 1967- 1987 واستطاعت من خلال اندماجها داخل العمل والنضال أن تحقق بعض المكاسب، وأن تسير خطوات بأتجاه نظرة جديدة للمرأة الفلسطينية التي أستطاعت أن تثبت جدارتها على ساحة النضال. واستطاعت المراة الفلسطينية أن تحصل على بعض هذه الفرص إما نتيجة لظرف سياسي أو نتيجة تراكمات لتغيرات صغيرة حدثت على مدى سنوات طويلة، عبرت فيها المرأة بصدق عن مكنون احتياجاتها، غير أن الانتكاسات المتتالية التي كانت تتعرض لها، نظراً لسيادة منظومة القيم والمفاهيم التي تتعارض بشكل أو بآخر مع توجهات المرأة التحررية. قللت من فرص الانتصارات التي كان بإمكانها إحرازها ببعض الجهد.

واتسمت وضعية المرأة الفلسطينية في الفترة من 1967-1987 بمجموعة من السمات الأساسية حيث ارتهن بروز نشاط المرأة في هذه الفتر ة بالهبات النضالية التي كانت تستوعب معظم طاقات النساء وبمجرد انتهائها كانت المرأة تعود إلى ما كانت عليه في السابق. ومثلت التظاهرات السياسية أكثر أشكال النضال استيعابا

لطاقات النساء، وهذا يدل على رغبة نسوية في الاندماج داخل المجتمع، بكل همومه. غير أنها كانت بحاجة إلى منحها فرصة حقيقية لتمارس حقها في التعبير والمشاركة. كما عجزت الأطر النسائية في استيعاب النساء الريفيات، والمقيمات في المخيمات، بصورة واسعة، وهذا يشير إلى خلل في برامج وأهداف هذه الأطر وطرق تنفيذها، وكان ينبغي الالتفات إليها ومراجعتها. ظلت المرأة رغم مشاركتها في المؤسسات والنقابات بعيدة عن مراكز صنع القرار، وبالتالي ظلت، في هذه الفترة تتلقى وتنفذ آراء وسياسات المجتمع الذكوري، المشغول حتى النخاع بتكريس سلطويته .

كما غابت الخطة الاستراتيجية للنساء الفلسطينيات، مما جعلهن يتخبطن في سياسات وأهداف لا ترتكز في حقيقتها على احتياجتهن الحقيقية. وأدت ندرة الكوادر النسائية المتخصصة في المؤسسات النسوية، مما يساهم في تحرر المرأة والأرتقاء بمستواها فعلاً إن لم يكن قد كرس تبعيتها. ولعبت تبعية العمل النسائي الفلسطيني للثورة دوراً رئيساً في حرمانه من وضع أهدافه الخاصة ورهنته لتنفيذ أهداف وسياسات الثورة مهما كانت تجاوزاتها .كما افتقدت الحركة النسائية الفلسطينية الإحساس بضرورة أن تتوجه إلى العمل، على تحرير الرجل من إسار التقاليد التي تحكم نظرته إلى المرأة جنباً إلى جنب مع العمل مع النساء حيث كان يمكن اختصار الكثير من الوقت والجهد .

وركزت وسائل الإعلام الفلسطيني والعربي على المرأة السوبرمان، مما أدى إلى تراكم الكثير من المشاكل والقضايا النسوية التي كان يجب النظر فيها أولاً بأول حتى لا تتربى الأجيال على منظومة من القيم الصلبة تجاه وضعية المرأة وحريتها. وان شهدت إيجابيات أخرى خلال هذه الفترة حيث مارست المرأة الفلسطينية حقها في العمل، غير أن هذا لم يخلصها من سلطة الأسرة، ولم يمنحها حقها في الاستقلال بذاتها، بل مورست عليها أنواع من الاستغلال الاقتصادي بصور مختلفة .

وأتسم عمل تلك المنظمات في تلك الفترة بعدم وجود استراتيجية عمل واحدة تجمع بينها حتى عام 1990 أي بعد ثلاث سنوات من بدء الانتفاضة حيث عقد مركز

بيسان في القدس مؤتمراً بعنوان " الانتفاضة وبعض القضايا الاجتماعية للمرأة " شاركت فيه نساء من مختلف التوجهات السياسية حاولن فيه تقييم المنجزات التي حققتها النساء خلال المراحل السابقة ووضع تصور لمستقبل الحركة النسوية، وقد مثل هذا المؤتمر فاصلاً في مسيرة الحركة النسوية الفلسطينية لأنه جاء مترافقاً مع بدء مفاوضات مدريد والتوجه نحو عملية السلام التي على إثرها عقد اتفاق غزة أريحا ودخلت السلطة الوطنية الفلسطينية إلى البلاد، وعليه فقد بدأت مرحلة جديدة ليس في حياة النساء فقط بل في حياة الشعب الفلسطيني بأسره .

ومع دخول السلطة وما صحب ذلك من تغيرات سياسية ومجتمعية، تزايد الاهتمام بترسيخ أسس مجتمع مدني، يضمن مشاركة كل من المرأة والرجل في عملية البناء، وكانت الآمال معقودة على توسيع قاعدة مشاركة المرأة من خلال توفير أجواء ديمقراطية تتيح لها طرح نفسها من منطلق معيار الكفاءة وأولوية التعبير عن احتياجاتها ومشكلاتها، غير أن هذه الصورة المشرقة، المتخيلة، تراوحت بين الصعود والهبوط إذ لم يبرز لدى السلطة الوطنية أي توجه رسمي من أجل إدماج النساء في عملية التنمية والبناء، سوى إلحاق عدد غير قليل من قيادات العمل النسوي الأهلي في إطار العمل الحكومي، وهذا ترك أثره على المنظمات الأهلية التي أستوعبت جل النساء الفلسطينيات خلال فترة الاحتلال، وقبل دخول السلطة الوطنية الفلسطينية، من ناحيتين الأولى ذات أثر سلبي تمثل في الخسارة الفادحة التي لحقت بهذه المؤسات من جراء فقدها لخبرات وكفاءات نسوية، والثانية ذات اثر ايجابي حيث دأبت هذه المؤسسات على خلق وإفراز قيادات بديلة بتوجهات ورؤى مختلفة .

وفي الوقت التي سعت فيه المؤسسات النسوية إلى الحصول على استقلال نسبي عن التنظيمات التي نمت في كنفها رافقه وعي نسوي نتيجة الخبرات السابقة خاصة بعد الانقسام الذي شهدته تلك التنظيمات إزاء العملية السلمية عدم بلورة رؤية عمل واضحة لها تستند على المتغيرات التي جرت، والهيمنة التي كان يفرضها الحزب على برامج وعمل تلك المؤسسات مما دعاها إلى النضال ضد هذه الهيمنة وتخفيفها إلى الحد الأدنى مع بلورة أهداف وبرامج جديدة بعد قناعة وصلت إليها الناشطات من

النساء بأن الأساس التنظيمي القديم الذي قامت عليه المؤسسات النسوية لم يعد صالحاً في ظل المتغيرات الجديدة .

الحقوق السياسية للمرأة الفلسطينية :

يتناول هذا الجزء حقوق المرأة في مجموعة من النقاط الأساسية فيما يخص الدور السياسي، وتشمل: وضعية المرأة الفلسطينية فيما يتعلق بحقوقها السياسية والمدنية فيما يتعلق بالحق في التصويت، والترشيح والاشتراك في الانتخابات العامة. ووضع المرأة فيما يخص شغل الوظائف العامة، والمشاركة في المؤسسات الغير الحكومية. والفرص المتاحة أمام المرأة لتمثيل حكومتها على المستوى الدولي .

1- الحق في الترشيح والتصويت

مارس الشعب الفلسطيني لأول مرة في تاريخه حقه في إجراء انتخابات عامة في العشرين من يناير 1996، وشارك في هذه الانتخابات أكثر من مليون فلسطيني من الأراضي الفلسطينية المحتلة عام 1967 (الضفة الغربية وقطاع غزة) حيث توجهوا إلى صناديق الاقتراع لأنتخاب أعضاء المجلس التشريعي والرئيس .

وتميزت هذه التجربة ليس فقط بكونها الأولى بل أيضاً بمشاركة النساء فيها. حيث بلغ مستوى تسجيل النساء في القوائم الانتخابية حوالي 49% من إجمالي المسجلين، وتعتبر هذه النسبة جيدة جداً إلا أنها لم تبقى هكذا عند الانتخاب حيث كانت النسب كالتالي: 58% ذكور و 32% إناث بما يعني ان نسبة التسجيل العالي لا تعني بالضرورة أن نسبة عالية من النساء يقمن بممارسة حقهن في الانتخاب هذا من جهة، أما من جهة ثانية يدل الاختلاف في النسب أن هناك عوائق حقيقية تحول دون ممارسة المرأة حقها في الانتخاب. وفيما يخص الترشيح فأن 128 امرأة رشحت مقابل 676 رجل، أي 4،15 % من إجمال عدد المرشحين، نجحت منهن 5 نساء واصبح المجلس التشريعي الفلسطيني مكون من 83 رجل و5 نساء .

ومن جانبه أثر النظام الانتخابي الذي اتبع حسب قانون الانتخابات، في تقليل الفرص أمام المرأة لتحقيق فوزاً أفضل في الانتخابات، وذلك لاحتوائه على نظم الدوائر المتعددة وليس الدائرة الواحدة، كما أرتكز على الأكثرية البسيطة. وهذا يعني أن ربع مناطق الضفة الغربية وقطاع غزة الستة عشر خصص لها مقعد أو مقعدين في المجلس. أن العدد المحدود المخصص لكل من هذه الدوائر خفض بدرجة كبيرة إمكانية أو حتى التفكير الجدي لدى الاحزاب السياسية بترشيح النساء اعتقاداً منهم بأن فرص الرجال أعلى من فرص النساء للفوز. إلى جانب وجود أسباب مهمة أثرت في عدم نجاح النساء في الانتخابات بالإضافة إلى قانون الانتخابات وهي العشائرية، والرؤيا السياسية الضيقة واعطاء الشرعية للحزب الواحد .

كما أن نظام الأكثرية الذي يعمل على تعزيز التهميش للأحزاب والحركات السياسية الغير مشاركة في السلطة. هذا بالإضافة إلى أن القانون الحالي هو نتيجة النقاشات والمفاوضات الإسرائيلية – الفلسطينية (حسب اتفاق أوسلو فلا يتم العمل بأي قانون بدون موافقة الجانب الإسرائيلي). فهذا القانون يعكس الوضع الفلسطيني في المفاوضات الجارية، وهذا حسب الاتفاقات الثنائية الخاصة بالمرحلة الانتقالية .

2- المناصب العليا على المستوى الرسمي

تشير الإحصائيات الفلسطينية إى تدني نسبة مشاركة المرأة في المناصب الإدارية العليا، ويعني هذا استبعادهن من مراكز صنع القرار الإداري على المستوى الرسمي، وبالرغم من أنهن يمثلن 13% من كافة العاملين في الوظائف الإدارية، فأنهن يشكلن ما نسبته 3% فقط من الموظفين في مراكز صنع القرار كالمشرعين وموظفين إدارة عليا وذلك حسب إحصاءات دائرة الإحصاء المركزية .

وهناك فجوة واضحة بين حق المرأة في المشاركة في صياغة سياسات الحكومة بتنفيذها، وشغل الوظائف العامة وبين الواقع الممارس خاصة وان طريقة

وأسلوب التوظيف الحالي لا يأخذ بعين الاعتبار الكفاءة، كما لا تتوفر أنظمة إدارية واضحة لتقلد هذه المناصب .

وبالنسبة للنساء المعينات في الهيئات المحلية المختلفة مثل المجالس القروية، المجالس البلدية، لجان المشاريع في القرى الصغيرة، يبلغ عدد النساء مقارنة مع الرجال 13 إمرأة من مجموع 3081. أما بالنسبة للنساء في الجهاز القضائي، فهناك 3 قاضيات يعملن في السلك القضائي، واحدة في محكمة الأحداث، والثانية في محكمة الصلح وتعمل على قضايا السير وحوادث السير والثالثة في غزة. أما بالنسبة للمحاكم الشرعية فلا توجد أي امرأة قاضية، والحال نفسه في القضاء العشائري .

3- تمثيل النساء على المستوى الدولي الرسمي والغير رسمي

توجد امرأة واحدة فلسطينية بمنصب سفيرة، وامرأة أخرى بدرجة سفير ناهيك عن عضوات الاتحاد العام للمرأة الفلسطينية (أحد فروع منظمة التحرير الفلسطينية) اللواتي تم تعيينهن من قبل الرئيس مباشرة واللواتي ينتدبن لتمثيل المرأة الفلسطينية على مستويات رسمية وغير رسمية. أما بالنسبة لتمثيل المرأة الفلسطينية على مستوى المنظمات الدولية غير الحكومية فيمكن الحديث عن العشرات من النساء الفلسطينيات اللواتي يمثلن فلسطين من خلال نشاطهن وعملهن في منظمات أهلية على المستوى الدولي، ولكن للأسف لا توجد هناك إحصائيا ت أو دراسات حول هذا الموضوع .

4- المرأة في الأحزاب

تعد مكانة المرأة الفلسطينية في الجهاز السياسي للأحزاب والحركات السياسية القليلة جداً مما يؤدي بالتالي إلى إنعدام فرصتها في المشاركة في الهيئات الحكومية والتشريعية بما أن أشغال هذه المناصب لا يأتي إلا من خلال الأحزاب وليس من خلال نظام اداري واضح ليتم التوظيف حسب معايير معينة متفق عليها. **

الانتخابات الفلسطينية العامة :

كانت العملية الانتخابية التي جرت في فلسطين لانتخاب رئيس ومجلس تشريعي لأول مرة أحدى استحقاقات اتفاق أوسلو، وجرت العملية بموجب القانون رقم (13) لعام 1995 الصادر عن السلطة الفلسطينية، والذي يتيح مساواة كاملة للمرأة والرجل في عملية الترشيح والتصويت، وسجلت النساء الفلسطينيات سابقة في العالم العربي حيث ترشحت أول امرأة لمنصب الرئيس، كما ترشحت 27 امرأة للمجلس التشريعي من أصل 672 مرشحة أي بنسبة 4 %توزعت كما يلي: 16 امرأة مستقلة وأربع ينتمين لحركة (فتح) واثنتان لحزب (فدا (واثنتان لحزب الشعب وواحدة لجبهة التحرير العربية، وواحدة للجبهة الشعبية، وواحدة للجبهة العربية الفلسطينية .

لقد بلغ عدد المسجلات للانتخابات 495.839 امرأة مقابل 517.396 رجلاً من مجموع 1.013.235 أي كانت نسبة النساء 49% من مجموع المسجلين وهو رقم يقارب نسبة التوزيع السكاني في فلسطين (49.5% للنساء و50.5% رجال) ونجحت 5 نساء فقط حصلن على عضوية المجلس التشريعي المكونة من 88% عضواً، أي ما نسبته 5.6%. وهذه النسبة تفوق النسبة العامة في العالم العربي التي تبلغ حوالي 4% بينما تقل عن النسبة العالمية التي تقارب حوالي 13%. وفي إطار الحكومة، أو السلطة، كان في عام 1997 عدد الوزراء 25 وزيراً بينهم وزيرتان، أي كانت نسبة النساء 8% وهذا يوازي المتوسط العالمي .

تحليل النتائج

قبل التحدث عن نتائج الانتخابات لا بد من الإشارة إلى أن نسبة النساء اللاتي شاركن فعلياً في الانتخابات كانت أقل من المسجلات حيث بلغت 42% تقريباً، وكانت مشاركة الرجال بواقع 58% من إجمالي المسجلين. وهذا الانخفاض يعود لأسباب منها على سبيل المثال نقص بطاقات الهوية، ولأسباب سياسية حيث

دعت المعارضة والأطر النسوية التابعة لها إلى مقاطعة الانتخابات، وهناك أيضاً أسباب تنبع من ضغوط اجتماعية .

حصول النساء على 5.6% فقط من مقاعد المجلس التشريعي مثّل نوعاً من خيبة الأمل للحركة النسوية ولمؤيدي المساواة بين المرأة والرجل، وأثبت إن المجتمع الفلسطيني لا يبتعد كثيراً عن المجتمعات العربية بالرغم من اختلاف ظروفه التي كان من الممكن أن تلعب دوراً إيجابياً في دفع قضية المرأة، وجاءت نتيجة الانتخابات معاكسة لما عبرت عنه استطلاعات الرأي التي أجريت في الأراضي الفلسطينية قبل الانتخابات، وبخاصة في العام 1995 حيث ظهر في أحد الاستطلاعات إن غالبية الفلسطينيين (70%) يبدون ثقة بقدرة النساء على القيام بمهام قيادية في المجتمع، كما صرح 73% بأنهم يوافقون على ضرورة وجود نساء في البرلمان، ومعارضة هذا الطرح مثلت 23% من الفلسطينيين، ويميز د .نادر سعيد بين الاستعداد اللفظي للناس للقيام بالشيء وبين قيامهم الفعلي به وسلوكياتهم، فنجد أن شخصاً ما قد يوافق على أهمية مشاركة النساء في المجلس التشريعي بشكل كبير، ولكن استعداده لانتخاب امرأة يقل عن ذلك

ولقد أظهرت النتائج حسب نسب الأصوات التي حصلت عليها المرشحات أن معظم المرشحات لانتخابات المجلس التشريعي قد أحرزت مواقع متقدمة أو متوسطة بالمقارنة مع باقي المرشحين الرجال، حيث كانت عشر نساء في أطار المجموعة الأولى (مجموعة الحاصلين على أعلى الأصوات - الربع الأول)، وجاءت عشر مرشحات أخريات ضمن المجموعة الثانية (الربع الثاني)، أي أن عشرين مرشحة كن ضمن النصف الأكثر شعبية من بين مجموع المرشحين، ويتضح أن مرشحتين حصلتا على 96.7% و82.9% من الأصوات اللازمة للفوز، وهما تنتميان إلى حزب (فدا)، وكان ترشيح المرأة مرتبطاً طردياً مع حجم الدائرة، فقد ترشحت النساء في الدوائر التي عدد مقاعدها خمسة فأكثر بينما أحجمت عن الترشيح في الدوائر الأقل عدداً، ويلاحظ أن النساء ترشحن في كل دوائر قطاع غزة بينما لم يترشحن في ست دوائر في الضفة بسبب الاعتقاد بعدم القدرة على منافسة الرجال في هذه الدوائر،

كما يبدو أن الاعتقاد بالطبيعة المحافظة للدوائر كان سبباً أيضاً في الترشيح وعدم الترشيح،

ولكنه لم يكن واضحاً في نتائج الانتخابات التي جاءت أحياناً مخالفة للتوقعات .

عوامل قد تكون أثرت على الإنتخابات

- **ثقافة المجتمع:** طبيعة المجتمع الفلسطيني والعلاقات القائمة فيه، والثقافة السائدة الأبوية الذكورية والعشائرية والجهوية التي تعتمد نظرة دونية للمرأة لا تثق بقدراتها على ملء المواقع القيادية في مراكز القرار السياسي، والتي تجعل الرجال بصورة عامة لا يميلون إلى التصويت للنساء، وهناك تشدد واضح في المعايير المطلوبة من المرأة قياسا بالرجل .

- **التمثيل في الأحزاب السياسية:** لا تزال المرأة الفلسطينية تعاني من وجود فجوة كبيرة بين الشعارات التي تطلقها الأحزاب عن أهمية مساواة المرأة بالرجل وبين السعي الفعلي لتغيير واقع المرأة في الأحزاب. كما أنه ينعكس في تدني مستوى تمثيل المرأة في الهيئات القيادية العليا، ففي حركة "فتح" تشكل النساء 5% من عضوية اللجنة المركزية، و4% من اللجنة الحركية العليا، وفي الجبهة الشعبية تمثل 10% من المركزية، وفي اللجنة المركزية لحزب (فدا) يبلغ تمثيل النساء 19% بينما في المكتب السياسي 30 %وهذه أعلى نسبة لتمثيل النساء في الأحزاب والفصائل الفلسطينية .

وإذا كان تمثيل المرأة ضعيفاً في الفصائل الوطنية على الرغم من ارتفاعه النسبي لدى الأحزاب اليسارية، فهو يكاد يكون معدوماً في الحركات الإسلامية .

وقد تأثر دعم الأحزاب للنساء بمستوى تمثيلهن ودورهن داخل هذه الأحزاب وكانت النسبة الأكبر للنساء المرشحات في قوائم الأحزاب لدى حزب (فدا) وبلغت 18% مقارنة و12.5% من مرشحي جبهة التحرير العربية 6.7% من مرشحي حزب الشعب و5.2% من قوائم مرشحي فتح بينما بلغت نسبة المستقلات من المرشحات 64 .%.

- طبيعة النظام الانتخابي: بما أن النظام الانتخابي المعتمد في فلسطين هو نظام الدوائر فهذا يسمح بازدياد نفوذ وتأثير العائلات والعشائر ويقلل من حضور الأحزاب السياسية، وهذا يعود بالسلب على إمكانيات دعم المرأة في الانتخابات، هذا عدا عن أن ارتباط المرشح بالناخب مباشرة يخلق نوعاً من العلاقة القائمة على المصالح الفردية التي لا تستطيع المرأة أن تلبيها في مثل مجتمعنا .

- الخلافات السياسية: أثرت الخلافات بين الفصائل والقوى حول النظرة إلى الانتخابات باعتبارها إحدى افرازات اتفاق أوسلو، فثار الخلاف على المشاركة السياسية الفاعلة للعديد من القوى في العملية الانتخابية مما أدى إلى تقليص المشاركة النسائية من جهة، ومن جهة أخرى إلى ضعف وتشرذم الأطر النسوية وعدم قدرتها على أداء مهامها في دعم ترشيح النساء، وفي عملية التوعية اللازمة تحضيراً للانتخابات، بما في ذلك التأثير على شكل النظام الانتخابي وضمان حصول المرأة على حصة ملائمة .

- النظام السياسي القائم: تنعكس أولويات النظام السياسي في التعاطي مع قضايا المجتمع على طبيعة مشاركة أفراده في العملية التنموية بما في ذلك مشاركة النساء في الانتخابات والحصول على نسبة معقولة من المقاعد، فإذا كان النظام القائم يقوم على أسس غير تنموية، ويشجع العشائرية والاستزلام، ولا يقود إلى دمج الطاقات البشرية رجالاً ونساءً في عملية البناء، ويعتمد على الفوضى لا يمكنه أن يسعى لإشراك النساء في الحياة السياسية بشكل جدي وفعال وايصالها إلى مراكز صنع القرار لإحداث تغيير في النظرة المجتمعية إليها، ولتصبح جزءاً فاعلاً في الحياة العامة وتحصل على كل حقوقها مساواة بالرجل .

- وعي المرأة لحاجتها ومصالحها: لا أحد ينكر إن نسبة غير قليلة من النساء لا يعين أهمية مشاركة المرأة في الحياة السياسية وذلك بسبب التقاليد المحافظة، وربما أيضا بسبب حالة الإحباط العامة التي يشهدها المجتمع

الفلسطيني، والتي تنعكس على النشاط السياسي للرجال أيضاً، وهذا يعكس نفسه في عزوف المرأة عن الانخراط في الأحزاب السياسية وممارسة العمل السياسي الذي يساهم بطبيعة الحال في تعزيز موقعها وفتح الفرص أمامها لتأخذ مكانتها التي تستحق في المجتمع، باعتبارها نصف المجتمع .

- ضعف الأطر النسوية: من غير المعقول ألا تتأثر الأطر النسوية المختلفة، سواء التي ترتبط بأحزاب معينة أو تلك القائمة على مهام محددة، بالوضع العام للمجتمع، بأحزابه وطبقاته وقواه، فالاتحاد العام للمرأة الفلسطينية، شأنه شأن باقي الاتحادات والمؤسسات التابعة لمنظمة التحرير، لا يتجدد ولا يعيش حياة ديمقراطية، وبالتالي عمله وأداؤه يندرج في إطار الروتين غير المستمر، وهذا أيضاً حال غالبية الأطر باستثناء عدد محدود منها خرج عن إطار العقلية التي تحكم العمل الفصائلي الجامد .والضعف الذي تعانيه مختلف الأطر والمنظمات النسوية يترك أثراً على وضع المرأة بصورة عامة، لجهة عدم القدرة على مواجهة التيارات الثقافية السلفية وعملية التراجع التي تحدث على صعيد حرية المرأة ومشاركتها في الحياة العامة. والأمر الذي يبرز بدون شك في العملية الانتخابية .

**الكوتا النسائية

يحتل الحديث عن نظام "الكوتا"، أي تخصيص حصة معينة للنساء في المجالس والهيئات المختلفة، حيزاً مهماً في النقاشات التي تجري في إطار المعنيين بأمور المرأة، وتقول مذكرة وقعت عليها قوى وأحزاب سياسية ومنظمات مجتمع مدني وشخصيات فلسطينية حول قانون الانتخاب الفلسطيني نشرت في صحيفة (الأيام) بتاريخ 2003/7/26 بضرورة اتخاذ تدابير مؤقتة تضمن مشاركة منصفة للنساء وذلك بتخصيص حصة للنساء بحد أدنى 20% "كوتا مفتوحة "من المقاعد المخصصة للدوائر في المجلس التشريعي، وحث القوى والأحزاب السياسية على أن تضمن قوائم مرشحيها حصة للنساء لا تقل عن 30 %.

هذه المذكرة تعبر عن موقف المؤيدين لنظام (الكوتا) وهؤلاء يبررون موقفهم بأن الواقع الاجتماعي القائم في فلسطين الآن، والمعتمد على الذكورية، لا يمكنه أن ينصف المرأة حتى لو نص القانون على المساواة التامة، وبالتالي هناك حاجة لحماية حقوق المرأة بحدودها الدنيا من خلال نظام "الكوتا"، أي نظام التمييز الايجابي إلى أن تتغير الظروف وتنعدم الحاجة إلى مثل هذا النظام، في حين يرى المعارضون إنه من أجل المساواة الكاملة لا ينبغي تخصيص حصة للنساء تكون أقل من نصف المقاعد وكأن النساء بذلك يرضين بالمنطق الذكوري، والبعض يقول إنه ينبغي أن تصل المرأة إلى المجالس والهيئات دون تدابير استثنائية، وهناك من يحمل المرأة المسؤولية في عدم انتخابها و"الكوتا" تمثل خرقاً للنظام الأساسي لأن بها تمييز وتضر بمبدأ المساواة، ويعتقد آخرون أن نظام "الكوتا" يؤثر على نضال المرأة ويجعلها تستكين اعتماداً على المقاعد المضمونة في كل عملية انتخابية، وبطبيعة الحال يوجد من يرفض من حيث المبدأ دعم النساء للوصول إلى البرلمان أو التمثيل في أي هيئة من هيئات ومراكز صنع القرار .

**الخلاصة

بالرغم من كل الثغرات التي اعترت التجربة الانتخابية الأولى على مستوى المجلس التشريعي والرئاسة في فلسطين، إلا إنها تجربة مميزة وذات فائدة عالية وتشكل دراستها مسألة على درجة كبيرة من الأهمية للاستفادة من دروسها في العملية الانتخابية القادمة .

وللرقي بوضع المرأة الفلسطينية هناك حاجة للبدء بعملية تنشئة للأجيال القادمة على أساس مبادئ المساواة في الحقوق والواجبات بين الرجال والنساء، وفي هذا السياق تجدر الإشارة إلى إن المناهج الفلسطينية الحديثة، حسب دراسة تحليلية للكتب المدرسية، تعج بالنماذج والأنماط التي تميز ضد المرأة، وبصورة أكثر سوءً مما كانت عليه الكتب المدرسية الأردنية على سبيل المثال، فالوظائف المعطاة للمرأة محصورة جداً وثانوية بالمقارنة مع المذكور، وترتبط الأنشطة والهوايات المعطاة للمرأة بوجودها داخل المنزل بإعداد الطعام والتنظيف والحياكة وتدريس

الأبناء وما شابه، وتظهر النساء وهن مرتديات غطاء الرأس والثوب الطويل وليس أي شكل آخر من الملابس، كما إن نسبة ذكر شخصيات الذكور أعلى بكثير من نسبة ذكر شخصيات الإناث في جميع الكتب، هذا يدلك على إنه من هنا يجب أن تبدأ عملية التربية لتغيير الثقافة المجتمعية السائدة على التمييز ضد النساء، كذلك تقضي الضرورة أن تقوم الأحزاب والقوى السياسية بايلاء موضوع المرأة الأهمية التي يستحق، ليس فقط بالتركيز على خطاب حزبي واضح ومحدد المعالم، وإنما بوضع خطط وبرامج من أجل إنجاز الأهداف المتعلقة بمساواة المرأة، وفي هذا الإطار لابد من توسيع مشاركة المرأة في الهيئات القيادية لهذه الأحزاب، نفس الشيء ينطبق على منظمات ومؤسسات المجتمع المدني .

ويكتسي موضوع تطوير وتفعيل الاتحادات والأطر النسوية أهمية خاصة في دفع مسألة المرأة وتعزيز انخراطها في الحياة العامة بدءً من انخراطها وتفاعلها مع هذه الاتحادات والأطر. وهناك حاجة لتغيير نصوص النظام الأساسي لإزالة كافة أشكال التميز ضد المرأة، وكذلك تعديل النظام الانتخابي باعتماد النظام المختلط للسماح بمشاركة أوسع للفصائل والأحزاب والمرأة، وإيجاد صيغة لضمان حصة كبيرة في تمثيل المرأة عن طريق نظام "الكوتا" أ و غيره .

ومن المفيد التركيز على وسائل الإعلام لإبراز قضايا المرأة والانتصار لها ومحاربة الثقافة والمحافظة والأصولية التي زاد انتشارها كثيراً خلال انتفاضة الأقصى، ولتنوير المجتمع بمبادئ حقوق الإنسان والمساواة والعدالة .

في الختام لا بد من التذكير بأنه يجري التحضير للانتخابات المحلية التي قد تجري في فترة قريبة، وهذه ستكون فرصة ملائمة لمشاركة نسائية أوسع في هذه العملية الانتخابية لضمان أكبر تمثيل في المجالس المحلية، علماً بأنه جرى تعيين 66 امرأة من مجموع 3600 عضو، تم تعينها في المجالس البلدية المؤقتة. وللنجاح في الانتخابات القادمة لا بد من تجاوز ثغرات الانتخابات التشريعية السابقة وأخذ العبر منها وهذه مسؤولية جميع المعنيين بقضية المرأة، وفي المقدمة منهم المنظمات والأطر

النسوية المختلفة التي يفترض أن تبدأ منذ الآن بالتحضير لهذه الانتخابات، بدءً بفحص قانون الانتخابات المحلية والسعي إلى ضمان تمثيل مناسب للمرأة.

الوضع السياسي للمرأة اليمنية في إطار مفهوم الكوتا

تعتبر اليمن من الدول التي تتصف بغلبة السمات التقليدية حيث البنى القبلية تشكل أهم التكوينات الاجتماعية التي تتصف بكونها ليس مجرد مظاهر ماظوية بل باعتبارها مؤسسات فاعلة ومقررة في مختلف المجالات بما فيها دور المرآة في المجال السياسي، وهنا تبرز البنى القبلية ومنظومتها الثقافية التقليدية كأهم المعوقات أمام مشاركة المرآة في العمل السياسي كناخبة وكمرشحة ولهذا ندعو إلى اعتماد الكوتا كمفهوم وكمنهج من شانه تفعيل دور المرآة ونشاطاتها في المجال السياسي خاصة وان مجمل التشريعات والقوانين اليمنية تمنح المرآة حقوقا مساوية للرجل سياسيا واقتصاديا واجتماعيا إضافة إلى ذلك فان الحكومة اليمنية صادقت ووقعت على غالبية الاتفاقيات والمعاهدات الدولية المتعلقة بحقوق المرأة وهنا لابد من إبراز صورة جيدة عن اليمن في الإطار الدولي أي لابد من تحسين صورة اليمن في مجال حقوق الإنسان، ولذلك يجب على الحكومة اليمنية تمكين المرأة من الولوج إلى مختلف مؤسسات الدولة السياسية وزيادة حجم النساء كعضوات في البرلمان ومجلس الشورى والمجالس المحلية ومختلف مراكز صنع القرارات وهنا تبرز أهمية الكوتا كمنهج فاعل من حيث اتجاه الدولة إلى اعتماد حصص أو عدد من المقاعد في مختلف مراكز القرارات لتبقى خاصة بالمرأة سواء من خلال التعيين أو من خلال الانتخابات «،،،،، ولما كان المجتمع اليمنى يتصف بقوة التكوينات القبلية التي لا تقبل وجود المرآة في مراكز صنع القرارات فانه لذلك ومن اجل أن يتعود المجتمع على وجود المرآة لابد من الكوتا كمهج تعتمده الحكومة لمرحلة مؤقتة أقصاها خمسة عشر عاماً في الدول والمجتمعات التي لا تزال تتصف بأنها في مرحلة التحول والانتقال إلى الحداثة.

إن القول بعملية المساواة بين المرأة والرجل في حق المشاركة السياسية لا تزال تطرح في اليمن بحذر وبصوت لا يكاد يكون مسموعاً في عموم المجتمع، ولما كان وجود المرأة في دوائر صنع القرار يعتبر وجوداً رمزياً، فالبنى السياسية والإجتماعية في اليمن بما تحمله من ركام سلبي تحول دون استفادة المرأة من القوانين الوطنية ومن الاتفاقيات الدولية التي وقعت وصادقت عليها الحكومة، كما أن المرأة اليمنية لم تستفيد من المتغيرات الاجتماعية والثقافية والاقتصادية في دعم دورها في المجال السياسي، فتعليم المرأة لم يواكبه ارتفاع مكانتها اجتماعياً وسياسياً، هنا يمكن القول أن المرأة اليمنية تعيش في سياقين اجتماعيين، الأول سياق تقليدي يعتمد الموروث الاجتماعي والثقافي، والثاني سياق حديث أو بصدد تحوله إلى الحداثة يدعو إلى المساواة بين الجنسين سياسياً، وفى إطار بنيه اجتماعيه تقليديه تنكر وجود المرآة في المجال العام فهي لذلك تهمش أدوارها سياسياً وتبخس قيمة أدوارها اقتصادياً وإجتماعياً، وذلك يكون لديها ارتباطا وهميا بان العزل والإقصاء والتهميش هو ملازم لطبيعتها كأنثى، ولان المرأة تاريخيا مقهورة وتابعة فهي أيضاً عاجزه عن التغيير وهي لذلك تعتمد أسلوب التلقي والانتظار الآمر الذي يخلق لديها شعوراً بالعجز والنقص مقارنة بالرجل، هنا يمكن القول أن النساء اليمنيات يناضلن من اجل المشاركة السياسية في إطار مجتمعي تقليدي حديث العهد بالديمقراطية، لا يزال الرجل يشكل زمن المرأة وعالمها وينظر إليها ككائن عاجز وضعيف بذاته ولذلك هي بحاجة دوما إلى الوصاية.

إن تعزيز الدور السياسي للمرأة يتطلب اعتماد مدخل التمكين الذي يتضمن مجموعة من العوامل والآليات الداعمة اقتصادياً واجتماعياً وثقافياً وحقوقياً على المستويين الرسمي والأهلي، والتعليم يعد حجر الزاوية في عملية التمكين للنساء لانه يمكنهن من الاستجابة والاستفادة من الخيارات والفرص المتاحة لهن ومن تحدي الأدوار التقليدية، ويجب على النساء ألا ينظرن إلى وجود امرأتين في البرلمان وعدد قليل منهن في المجالس المحلية بشكل يوحي بان وضع المرأة جيد ومقبول فلا تزال مشاركة المرأة في الحيات السياسية تتسم بالضعف سوءا من خلال الأحزاب أو من

خلال تواجدها في بعض دوائر صنع القرار كما أن مشاركتها غائبة كلية في صياغة المجال المدني العام من هنا يمكن القول أن المرأة أقلية سياسية رغم أنها تشكل اكثر من نصف عدد السكان في المجتمع.

يؤكد الباحث وجود مسؤولية كبيرة تقع على عاتق المرأة ذاتها الأمر الذي يتطلب تشكيل حركة نسوية تستطيع أن تكون قوة ضغط لصالح قضايا المرأة وتمكينها سياسياً، وإذا كانت المرأة اليمنية قد فشلت في الوصول إلى البرلمان والمجالس المحلية ومراكز صنع القرار بإعداد كبيرة، فان المجتمع اليمني (الدولة + المجتمع المدني /الأحزاب - المنظمات الأهلية) قد تعمد أضعاف ولوج المرأة (انتخاباً أو تعييناً) إلى تلك المراكز، من هنا يمكن القول أن الدور السياسي للمرأة في المجتمع ما هو إلا انعكاساً لطبيعة البنى السياسية والأيدلوجية والقانونية القائمة.

أولاً: الوضع السياسي للمرأة اليمنية في إطار نظام الكوتا

إن اعتماد مفهوم ومنهج الكوتاKota (حصص) من اجل تمكين المرأة اليمنية في الولوج إلى مختلف المؤسسات القيادية والسياسية سوف يشكل دعماً كبيراً للمرأة في إطار واقع مجتمعي لا يزال يعيق المشاركة السياسية للمرأة ويقلل من فاعليتها، والكوتا كمفهوم وكمنهج يشير إلى تخصيص عدد من المقاعد للمرأة (في البرلمان أو مجلس الشورى أو المجالس المحلية) وفق عملية التعيين أو الانتخاب، ويرتبط ذلك بعدد من المبررات أهمها، انه لما كان المجتمع اليمني لا يزال مجتمعاً تقليدياً حديث العهد بالديمقراطية ولا تزال الثقافة التقليدية السائدة تخلق في وعي الأفراد ممانعة قوية لمشاركة المرآة في العمل السياسي عامة ولتواجدها في مراكز صنع القرار خاصة وهنا من اجل الإسراع بتحسين أو ضاع المرأة سياسياً وتمثيلاً للاتفاقيات الدولية الخاصة بالمرأة التي صادقت عليها الحكومة اليمنية يجب إبراز وجود المرأة في مختلف المؤسسات القيادية في الدولة (البرلمان / مجلس الشورى / المجالس المحلية / الهيئات القيادية للأحزاب) ولتحقيق ولوج المرأة إلى كل هذه المراكز يمكن اعتماد الآليات التالية:

1. تخصيص 20 مقعد في البرلمان للمرأة وتشغله إما من خلال التعيين أو الاتفاق بين الحكومة ومختلف الأحزاب على تحديد 20 دائرة انتخابية ترشح فيها فقط النساء.

2. لما كان مجلس الشورى يتم تحديد أعضائه من خلال التعيين هنا يجب تحديد 20 مقعد للنساء.

3. إعتماد حقيبتين وزاريتين في كل حكومة يتم تشكيلها.

4. إعتماد 10 درجات وزارية في السلك الدبلوماسي للمرأة أي تعيين عشر نساء في منصب سفير من إجمالي عدد سفراء اليمن في مختلف دول العالم.

5. في المجالس المحلية المنتخبة وهى كثيرة على الأقل يجب على الحكومة والأحزاب الأخرى دعم وجود النساء في كل المجالس التي تتمركز في المدن وعواصم المحافظات ودعم وجود المرآة في المجالس التي تتمركز في الريف بدرجات متفاوتة للتباين القائم بين مختلف المديريات والمناطق الريفية.

6. إقرار ميثاق شرف أخلاقي بين مختلف الأحزاب والتنظيمات السياسية على الالتزام بما ورد ذكره آنفاً، ثم الالتزام داخل كل حزب بتصعيد عدد من النساء في مختلف الهيئات القيادية العليا.

7. التزام الحكومة وأحزاب المعارضة على أهمية دعم المرآة في تأسيس منظمات مدنية أهلية مستقلة وتشجيعها ورعايتها مادياً ومعنوياً.

مبررات اعتماد الكوتا ترتبط بمجمل الخصائص العامة بوضع المرأة اليمنية حالياً وهى:

1. ضعف كبير في حجم تواجد المرأة في مراكز القرارات: (البرلمان / مجلس الشورى / الحكومة - السلطة التنفيذية - / الوظائف العامة / الحكم المحلى / هيئات القضاء والنيابة / الهيئات التمثيلية لليمن إقليميا ودولياً).

2. تضاؤل حجم النساء في العمليات الانتخابية (التصويت / الترشيح)، وفى عضوية الأحزاب وهيئاتها القيادية، إضافة إلى تضاؤل حجم الجمعيات

الأهلية التي ترأسها وتديرها نساء علاوة على تدنى حجمها ومشاركتها في مختلف مؤسسات ومنظمات المجتمع المدني الحديث.

3. ارتفاع معدلات الأمية بين النساء.

4. تدنى المستوى الثقافي والمهاراتي والعلمي للمرأة.

5. اتساع الفجوة بين الرجال والنساء في مجالات التعليم والتدريب والتوظيف.

6. تدنى حجم نشاطات المرأة في سوق العمل الحديث ضمن مؤسسات الدولة، وتدنى حجم النساء العاملات في المشاريع الاقتصادية الخاصة (مشاريع إنتاجية صغيرة أو متوسطة)

7. استمرار التمييز السلبي ضد المرأة في المجتمع وفق الرؤية التقليدية لمفهوم النوع الإجتماعي، واستمرار تدنى مكانة المرأة في المجتمع وفق الاتجاهات والمواقف التي تتضمنها منظومة الثقافة التقليدية السائدة.

8. غياب حركة نسوية فاعلة في المجتمع إضافة إلي ضعف وتشوه الوعي الحداثي للمرآة بذاتها كفاعلة في المجال العام سياسياً واجتماعياً واقتصادياً.

يعتبر التخلص من جميع أشكال التميز ضد النساء هدف لتمكينهن وزيادة قدراتهن ولذلك فان صانعي ومتخذي القرار مدعوون لتطبيق المعاهدات الدولية الذي سبق ووقع عليها بهدف الدعوة لحقوق المرأة وضمان وصولها إلى سوق العمل والتمتع بالضمانات الاجتماعية والصحية، أي العمل على تطبيق التميز الإيجابي الذي تضمنته الاتفاقية الدولية المعروفة ب- CEDWA التي تدعو جميع الدول الأطراف في الاتفاقية والمصادقة عليها بإيصال المرأة إلى مواقع القرار بنسبة لا تقل عن 30%.

كل تلك الآليات المقترحة لدعم المرآة سياسيا وفق اعتماد الكوتا يرتبط بوعي الحكومة للمتغيرات الدولية ولتحسين رصيد اليمن في مجال حقوق الإنسان ودعم الديمقراطية وكتعبير عن تفهم لظروف المجتمع اليمني اجتماعياً وثقافياً وكإضافة إلى ما نصت علية مختلف التشريعات والقوانين الوطنية من حقوق للمرأة في إطار مساواتها بالرجل سياسياً واقتصادياً وقانونياً، إن الواقع المجتمعي في اليمن

منذ إقرار التحول الديمقراطي الذي ترافق مع إعلان توحيد اليمن يعكس ازدواجية الخطاب الرسمي وعدم جدية الدولة في تمكين المرأة من ممارسة دورها السياسي المنصوص عليه في الدستور والقوانين، وهنا يمكن القول أن سند القانون للمرأة (62 -2002) كان ولا يزال يصطدم بقوة الموروث الاجتماعي والثقافي وقدرته التنميطية لادوار للمرأة بحيث ظهر ما يسمى بتأنيث التعليم و" تأنيث الوظيفة " أي أن الواقع الاجتماعي كما تشكل تاريخياً له خصوصيته في تشكيل نشاطات المرأة وادوارها وتحديد مجالاتها أيضاً.

في هذا الصدد نرى أن الغبن اللاحق بالمرأة لا يتصل في معظمه بغياب النصوص القانونية وإنما بالظروف الاجتماعية الاقتصادية والثقافية العامة في المجتمع، وهنا يؤكد الباحث أن التمكين السياسي للمرأة في اليمن لن ينجح ولن يأتي ثماره إلا من خلال تنمية المجتمع برمته أي من خلال تحقيق تنمية مستدامة تهدف إلى تحسين نوعية الحياة Quality of life لكل الأفراد، وعليه ستكون أوضاع المرأة تتحسن في سياق تنموي تحديثي متكامل ينظر إليها كإنسان منتج وكطاقة خلاقة، ولذلك فقبل الممارسة السياسية للمرأة هي بحاجة إلى التعليم والتدريب واكتساب المهارات والوعي بذاتها وتطوير واقعها المجتمعي من حيث مستوى المعيشية والصحة والحريات العامة، أن تمكين المرأة لا يكون إلا من خلال إدماجها في التنمية وذلك بالاستناد إلى سياسة وطنية توفر فرص متساوية للمرأة في التعليم والتدريب والعمل وفي ضمان حقوقها وترقيتها ووصولها إلى مراكز اتخاذ القرار، واعتبار حقوق المرأة جزءا لا يتجزأ من حقوق إنسان، هنا يعتبر التعليم من الأهداف الأساسية التي يجب ضمانها للفتاة اليمنية من اجل تمكينها، لان التعليم مفتاح تحسين وضع المرأة وتعزيز تواجدها في مختلف قطاعات المجال العام (التعليم والتثقيف والتدريب والعناية بالمرأة كأحد عناصر التنمية البشرية.

ثانياً: وضع المرآة اليمنية في الأحزاب السياسية ومؤسسات المجتمع المدني

-انخفاض كبير في عدد النساء المسجلات في قائمة تسجيل الأحزاب المقدمة إلى وزارة الشؤون القانونية والتي تتضمن عدد 2500 اسم في كل قائمة لأي حزب،

وقد بلغ عدد إجمالي الأعضاء لخمسة أحزاب 12.975 منهم 259 أمراة فقط بنسبة 2% و يمكن رصد عدد النساء في هذه الأحزاب الخمسة كالتالي:

- المؤتمر الشعبي العام / 37 امرأة.
- حزب الإصلاح/20 امرأة.
- حزب البعث العربي الاشتراكي/ 78 امرأة.
- التنظيم الوحدوي الناصري/ 48 امرأة.
- الحزب الناصري الديموقراطي/30 امرأة.

الجدير بالذكر أن حجم المرأة في عضوية الأحزاب والتنظيمات السياسية تأخذ صورة إحصائية أخرى من خلال ما قدمته الأحزاب ذاتها من خلال رسائل وجهها الباحث إليها تطلب التحديد الحقيقي لحجم النساء حتى يمكن تقديم صورة واقعية وموضوعية، إلا انه مع ذلك لم تتفهم الأحزاب دوافعنا العلمية ومن ثم قدمت إحصاءات تقريبية نرصدها على النحو التالي:

- المؤتمر الشعبي العام تتجاوز النساء في عضويته بشكل عام نسبة 20%، وعدد النساء في اللجنة الدائمة (إحدى الهيئات القيادية) 37 امرأة من اصل ألف عضو.
- حزب الإصلاح: إجمالي حجم النساء في عضوية الحزب (نسبة تقريبية) 20%، وعدد النساء في مجلس شورى الإصلاح (أعلى هيئة قيادية) 7 نساء من إجمالي 130 عضواً.
- الحزب الاشتراكي اليمني: عدد النساء في اللجنة المركزية (ثاني هيئة قيادية 33 (امرأة من إجمالي 150 عضو ولم يقدم إجمالي حجم النساء في عضويته.
- حزب البعث العربي الاشتراكي القومي: في المؤتمر القطري العام للحزب نسبة النساء إلى الرجال تقريبا 20% وفي قيادة القطر (أعلى هيئة قيادية) نسبة النساء إلى الرجال 1 - 9،، ونسبة عضوية النساء في الحزب بشكل عام تقريبا 16%.

مدى فاعلية المرأة في المجال السياسي

- أول اعتراف رسمي بالدور السياسي للمرأة اليمنية كان عقب إعلان الثورة في الشمال عام 62م وعقب استقلال الجنوب عام 67م - بقى اعترافاً نظرياً في الشطر الشمالي - وتواجد ملموس وفاعل في الشطر الجنوبي، والاعتراف الفعلي للمرأة بحق التصويت والترشيح وتقلد المناصب السياسية الهامة كان مع دولة الوحدة عام 1990م.

- في أول انتخابات لمجلس الشعب الأعلى في جنوب اليمن عام 86م كان عدد النساء (10) بالتعيين من إجمالي 111 عضو، في حين كان مجلس الشعب التأسيسي ومجلس الشورى في شمال اليمن قبل الوحدة تغيب عنهما النساء ترشيحاً وتعيناً.

- اللجنة العليا للانتخابات عام 93م تكونت من 17 عضو بينهم امرأة واحدة.

- اللجنة العليا للانتخابات عام 97م تكونت من 7 أعضاء بدون نساء.

- اللجنة العليا للانتخابات عام 97م تكونت من 7 أعضاء بدون نساء.

- نسبة الناخبين المسجلين لعام 97م 42% من إجمالي سكان الجمهورية.

- ارتفعت نسبة الإناث المسجلات من 15% عام 93م إلى 37% عام 97م.

- نسبة النساء اللاتي لم يشاركن في الانتخابات 63% من إجمالي عدد النساء في الجمهورية اللاتي لهن الحق في العمل السياسي.

- انخفضت عدد النساء المرشحات من 41 عام 93م إلى 23 عام 97م.

- نسبة النساء المشاركات في الاستفتاء على التعديلات الدستورية عام 2001م 30% مقارنة بنسبة الذكور 70%.

- عدد النساء المرشحات لمجالس المحافظات في الانتخابات المحلية 120 امرأة مقابل 23.892 عدد الرجال.

- عدد النساء المرشحات لمجالس المديريات في الانتخابات المحلية 108 امرأة مقابل 21.924 من الرجال.

- إجمالي عدد النساء في عضوية المجالس المحلية بنوعيها 35 امرأة فقط من اصل 6000 عضو هم إجمالي أعضاء المجالس المحلية في مختلف محافظات الجمهورية.

- بالنسبة للنساء في جميع الانتخابات كانت هناك فروق كبيرة في عدد ونسبة النساء المسجلات والمقترعات والمرشحات، ويبرز ذلك أيضاً بين المحافظات الشمالية والجنوبية، فبينما كانت نسبة النساء المسجلات في الجوف 1% كانت نسبة النساء في عدن 41%.

- عدد المرشحين عام 93م 3181 منهم 1968 مرشحاً مستقلاً بينهم 24 امرأة، وعدد المرشحين الحزبيين 1213 منهم 17 امرأة.

- عدد النساء الفائزات في عضوية البرلمان في دورتين انتخابيتين 97/93م امرأتان فقط في كل دورة بنسبة 0.7% أي اقل من 1%.

- عدد النساء في مجلس الشورى - بالتعيين - امرأتان فقط من 111 إجمالي عدد أعضاء المجلس.

- تكونت لجان نسائية للإشراف على الانتخابات (في جميع الانتخابات) وان كانت اقل في عدد النساء ونسبتهن مقارنة بالرجال.

- جميع الانتخابات أظهرت أن النساء يشكلن قوة سياسية فاعلة لا يمكن تجاهلها.

ثالثاً- الوضع السياسي للمرأة اليمنية مقارنة بالوضع السياسي للمرأة الخليجية والعربية:

لما كانت أوضاع اليمن الاقتصادية تختلف عن أوضاع دول الخليج فان أوضاع المرأة اليمنية تتفوق كثيراً عن أوضاع المرأة الخليجية سواء من حيث الإقرار الدستوري لها بالعمل السياسي كناخبة وكمرشحة وكعضوة في مختلف الأحزاب والتنظيمات السياسية إضافة إلى نشاطاتها في مختلف الجمعيات والمنظمات الأهلية / غير الحكومية، وهنا يتقدم اليمن خطوات كبيرة في مجال التحديث السياسي أو التنمية السياسية وهى العملية التي لا تزال تلقى معارضة في دول الخليج وفي أحسن

الأحوال تعتمد التدرج كعملية بطيئة نحو إقرار التحديث السياسي بشكل عام وإقرار حق المرآة سياسيا كناخبة ومرشحة يشكل خاص، ومع ذلك تتباين دول الخليج العربي في مساراتها التحديثية سياسياً، خاصة منذ عام 90 حيث عكست حرب الخليج الثانية آثارها سلباً وإيجاباً على مجمل الدول الخليجية، ومن أهم التحولات الإيجابية اعتماد جميع الدول الخليجية خطوات أولية نحو إقرار حق المرأة في العمل السياسي في إطار اعتماد تحولات سياسية هامة في نظام الدولة.

ومع الاعتراف بمرحلة الوفرة الاقتصادية التي تعيشها الأسرة الخليجية فان كثيرا من النساء يفتقدن للوعي بأهمية أدوارهن ونشاطاتهن في المجال العام، ويرتبط ذلك بكونه تأثيراً سلبيا للطفرة النفطية التي خلقت وعياً زائفاً لدى المرآة الخليجية عمل على تثبيت دونيتها في المجتمع وتثبيت الأيديولوجية التقليدية القائمة على ادلجة الثقافة القبلية السائدة والتي تتمحور أهم مقولاتها باعتماد تنميط جندري يفصل بين أدوار ونشاطات الرجال والنساء حيث يعتبر المنزل المكان والمجال الخاص بأدوار المرآة ونشاطاتها، وما عدا ذلك يعد مجالا لادوار ونشاطات الرجل.

ولما كانت النخب الحاكمة في الخليج العربي قد ترغب في دعم مسارات التحول الحداثي سياسيا واجتماعيا ومن ذلك إقرار حق المرآة في المشاركة السياسية، فان مراكز القوى من الجماعات التقليدية قبلياً ودينياً (جماعات الإسلام السياسي) تشكل قوى ضاغطة على دوائر صنع القرار الرسمي، الآمر الذي تبرز فيه الدولة الخليجية وهي تمارس ازدواجية واضحة في ممارساتها وقراراتها وهو الآمر الذي يعكس نفسه في بروز ازدواجية في شخصية الدولة الخليجية تجاه قضايا التحديث السياسي والاجتماعي والاقتصادي خاصة قضايا التحول الديمقراطي واقرار حق المرآة في المشاركة سياسياً.

التمكين الجنساني للمرأة من خلال اعتماد مؤشر كمي يرتبط بنسبة المقاعد البرلمانية التي تشغلها النساء (مقارنة بين اليمن والدول العربية):

أولاً- حجم المرأة في المقاعد البرلمانية

- اليمن/ 0.7.%

- لبنان 2.3%.

- الأردن 2.5%.

- تونس 11.5%.

- مصر 2.4%

- الجزائر 4%.

- السعودية.------

- الكويت.------

- الإمارات.------

- قطر.------

- البحرين تعيين أربع نساء عضوات في مجلس الشورى 2001.

- عمان تعيين أربع نساء عضوات في مجلس الدولة 97.

ثانياً- حجم المرآة في المناصب الوزارية

- الأردن وزيرة واحدة من إجمالي 27 وزير.

- سوريا وزيرتين فقط من إجمالي 33 وزير.

- اليمن وزيرة واحدة فقط من إجمالي 35 وزير.

- جميع دول الخليج العربي لا توجد فيها نساء كأعضاء في الحكومات.

- في البحرين تم إشراك المرأة في التصويت على ميثاق العمل الوطني فبراير 2001 كما تم الإقرار دستورياً بإعطاء المرأة البحرينية حقوق سياسية مساوية للرجل في حق التصويت والترشيح لمجلس الشورى والمجالس البلدية.

- في قطر تم إشراك المرأة في عمليات الانتخابات تصويت وترشيحا للمجالس البلدية عام 98 وجاء ذلك بقرار من أمير الدولة فتزايد حضور المرأة في التصويت لكنها لم تحقق فوزا في عضوية المجالس المنتخبة.

مقارنة بين اليمن ودول الخليج العربي من حيث عدد الاتفاقيات والمعاهدات الدولية الخاصة بحقوق الإنسان التي تم المصادقة عليها:

اتفاقية القضاء على كل أشكال التمييز العنصري اتفاقية القضاء على جميع أشكال التمييز ضد المرأة العهد الدولي الخاص بالحقوق الاقتصادية والاجتماعية والثقافية العهد الدولي الخاص بالحقوق المدنية والسياسية اتفاقية حقوق الطفل الدولة.

مقارنة بين اليمن ودول الخليج العربي من حيث ترتيبها وفق مقاييس دليل التنمية البشرية العام ودليل التنمية البشرية المرتبط بنوع الجنس.

ثالثاً- المرجعية القانونية للحق السياسي للمرأة اليمنية

اعتمد دستور الجمهورية اليمنية منهج المساواة بين الجنسين في الحقوق السياسية والاجتماعية والاقتصادية، وابرز بذلك كثيراً من الملامح الليبرالية التي عبرت عن عملية التحول الديمقراطي التي ترافقت مع إعلان دولة الوحدة، وهنا منحت المرأة حق الانتخابات كمرشحة وناخبة وحق عضوية الأحزاب والعمل في المنظمات الأهلية شانها في ذلك شان الرجل، ورغم بعض المآخذ على عدد من القوانين التي تتضمن بعض مجالات التمييز ضد المرأة، فان الواقع المجتمعي عكس بروزاً فاعلاً للمرأة اليمنية في مجمل الانتخابات التي تمت في اليمن منذ عام 90 وحتى 2002، والمشاركة السياسية للمرأة اليمنية ترتبط بمرجعية قانونية محلية تتمثل في الدستور ومختلف القوانين النافذة إضافة إلى تمثل الدولة اليمنية للاتفاقيات والمعاهدات الدولية المتعلقة بحقوق الإنسان وخاصة حقوق المرأة وهو ما سنوضحه فيما يلي:

أولاً: المرجعية القانونية الوطنية

*الدستور - م 4 الشعب مالك السلطة ومصدرها ويمارسها بشكل مباشر عن طريق الاستفتاء والانتخابات العامة، كما يزاولها بشكل غير مباشر عن طريق الهيئات التشريعية والتنفيذية والقضائية وعن طريق المجالس المحلية.

- م 5 يقوم النظام السياسي للجمهورية على التعددية السياسية والحزبية.

- م 6 تؤكد الدولة العمل بميثاق الأمم المتحدة والإعلان العالمي لحقوق الإنسان وميثاق جامعة الدول العربية وقواعد القانون الدولي المعترف به بصورة عامة.

- م 24 تكفل الدولة تكافؤ الفرص لجميع المواطنين سياسياً واقتصادياً واجتماعياً وثقافياً.

- م 26 الأسرة أساس المجتمع قوامها الدين والأخلاق وحب الوطن يحافظ القانون على كيانها ويقوى أواصرها.

- م 30 تحمى الدولة الأمومة والطفولة وترعى النشئ والشباب.

- م 31 النساء شقائق الرجال ولهن من الحقوق وعليهن من الواجبات ما تكفله وتوجبه الشريعة وينص عليه القانون.

- م 41 المواطنون جميعهم متساوون في الحقوق والواجبات العامة.

- م 42 لكل مواطن حق الإسهام في الحياة السياسية والاقتصادية والاجتماعية والثقافية وتكفل الدولة حرية الفكر والإعراب عن الرأي بالقول والكتابة والتصوير في حدود القانون.

- م 43 للمواطن حق الانتخاب والترشيح وإبداء الرأي في الاستفتاء.

- م 58 للمواطنين في عموم الجمهورية - بما لا يتعارض مع نصوص الدستور - الحق في تنظيم أنفسهم سياسياً ومهنياً ونقابياً / والحق في تكوين المنظمات العلمية والثقافية والاجتماعية والاتحادات الوطنية بما يخدم أهداف الدستور / وتضمن الدولة هذا الحق، كما تتخذ جميع الوسائل الضرورية التي تمكن المواطنين من ممارسته، وتضمن كافة الحريات للمؤسسات والمنظمات السياسية والنقابية والثقافية والعلمية والاجتماعية، كما تتصف غالبية القوانين الوطنية بوضوح مبدأ المساواة بين الجنسين سياسياً، ونقصد بذلك قوانين الانتخابات، والأحزاب، والصحافة، والجمعيات الأهلية ،، وجميعها تم تجديدها وتطويرها من اجل استيعاب المتغيرات التي يشهدها الواقع المجتمعي محلياً إضافة إلى المتغيرات الدولية.

ثانياً- المرجعية القانونية الدولية

لتفعيل دور المرآة في المجتمع وابراز مشاركتها سياسيا ومجتمعيا يتطلب ذلك الإعداد التربوي والتعليمي منذ مرحلة الطفولة، ووفقا للمنظور الحقوقي العالمي تشكل حقوق الإنسان للمرأة وللطفلة جزءا من حقوق الإنسان العالمية، ولذلك يجب مشاركة المرأة مشاركة كاملة وعلى قدم المساواة مع الرجل في الحياة السياسية والمدنية والاقتصادية والاجتماعية وطنيا وإقليمياً ودولياً، ولضمان تلك المشاركة لابد من اتخاذ الاجراءات التنفيذية الهادفة إلى القضاء على جميع أشكال التمييز التي تعوق مشاركة المرآة وتيسير وصولها إلى دوائر صنع القرارات وزيادة حجم مشاركتها.

وأهم مصادر المرجعية القانونية الدولية التي تعتمدها اليمن من اجل ضمان مشاركة المرأة في العمل السياسي الاتفاقيات الدولية التي وقعت وصادقت عليها الحكومة اليمنية وهي:

- الإعلان العالمي لحقوق الإنسان.
- العهد الدولي الخاص بالحقوق المدنية والسياسية.
- العهد الدولي الخاص بالحقوق الاقتصادية والاجتماعية والثقافية.
- اتفاقية القضاء على جميع أشكال التمييز ضد المرأة 1979م " الشرعية الدولية لحقوق المرأة."
- اتفاقية حظر البغاء واستقلاله 1949.
- اتفاقية منظمة العمل الدولية حول التوظيف المتساوي واقرار مبدأ الأجر المماثل مقابل العمل ذي القيمة المماثلة 1951م.
- اتفاقية الحقوق السياسية للمرأة 1952م.
- اتفاقية اليونسكو ضد التمييز في التعليم 1960م.
- اتفاقية مؤتمر بيجينغ 1995م.
- اتفاقية حقوق الطفل 1997م.
- اتفاقية جنسية المرأة المتزوجة وحقها بالاحتفاظ بجنسيتها الأصلية 1975.
- اتفاقية القبول الطوعي بالزواج والسن الدنيا للزواج وتسجيله 1962.

**الوثائق الصادرة عن المؤتمرات الدولية الخاصة بالمرأة وهي:

- المؤتمر العالمي الأول للمرأة - المكسيك - 1975م.
- المؤتمر العالمي الثاني للمرأة - كوبنهاجن - 1980م.
- المؤتمر العالمي الثالث للمرأة - نيروبى - 1985م.
- المؤتمر العالمي الرابع للمرأة - بيجين - 1995م.

في هذا الصدد تدعو الاتفاقيات الدولية جميع الدول التي وقعت وصادقت على تلك الاتفاقيات والمعاهدات العمل على:

1. القضاء على جميع أشكال التمييز ضد المرأة وان تتعهد على اتخاذ كل التدابير المناسبة لتجسيد مبدأ المساواة بين الرجل والمرأة في دساتيرها وتشريعاتها الوطنية.
2. تبني تدابير خاصة مؤقتة للتعجيل بالمساواة بين الرجل والمرأة.
3. منح المرأة أهلية قانونية وسياسية مماثلة للرجل.
4. اتخاذ خطوات عملية تستهدف تعديل الإنماط الاجتماعية والثقافية لسلوك الرجل والمرأة بهدف تحقيق القضاء على التمييز في العادات العرفية والتقاليد وكل الممارسات القائمة على فكرة دونية أو أدوار نمطيه للرجل والمرأة.
5. إلغاء جميع القوانين والأنظمة والأعراف القائمة التي تشكل تمييزاً ضد المرأة.
6. أن تقوم الحكومات بإنشاء أطر مؤسسية وطنية للنهوض بالمرأة.
7. سوف ينفذ منهاج العمل الخاص بالمرأة وفق اعتماد منهج الشراكة بين المؤسسات الدولية والإقليمية والوطنية وفى كل بلد يكون اعتماد الشراكة بين الدولة ومؤسسات المجتمع المدني (المنظمات الاهلية/ غير الحكومية.)

الجدير بالذكر أن هذه التوصيات التي تتعهد بتنفيذها جميع الدول - منها اليمن - قد أشارت وثائق المؤتمرات الدولية مثل مؤتمر القاهرة للسكان على انه لكل بلد الحق السيادي في أن ينفذ التوصيات الواردة في برنامج العمل مع ما يتمشى مع القوانين الوطنية وأولويات التنمية ومع الاحترام الكامل لمختلف القيم

الدينية والأخلاقية، في هذا الصدد يمكن القول أن اليمن وقعت على اتفاقية القضاء على جميع أشكال التمييز ضد المرأة في 31 مايو 1984م وبدءا تنفيذها في 29 يونيو 1984م وفى الفترة من يونيو 84 ونوفمبر 92م قدمت اليمن ثلاثة تقارير عن مستوى تنفيذ الاتفاقية.

بشكل عام يمكن القول إن الاتفاقيات الدولية المرتبطة بحقوق الإنسان أو بالمرأة إنما تشكل إدراكاً واعياً للمجتمع الدولي تجاه قضايا الإنسان وحقوقه الأساسية سوءاً كان رجلاً أو امرأةً وهذا الاهتمام الدولي من شأنه أن يؤدي إلى التخفيف - أن لم يكن القضاء الكلي - من الممارسات السياسية القمعية محلياً واقليمياً ودولياً المؤثرة سلبا على حقوق الإنسان وانتهاك كرامته عبر الحروب والعنف أو الحرمان من الحقوق الإساسية وانسداد فرص الاختيارات في العمل أو الهجرة وغير ذلك، وهذا يعني ترسيخ التزام أخلاقي وسياسي دولي تجاه حقوق الإنسان بشكل عام والمرأة بشكل خاص، ولعل ما يشهده العالم حالياً من متغيرات في إطار ثورة المعلومات والاتصالات وتزايد التحول الديمقراطي وتقلص المسافات بين الدول وانكماشها وتزايد تطور مؤسسات المجتمع المدني والمنظمات غير الحكومية الفاعلة في مجالات عدة أهمها مجال حقوق الإنسان والمرأة كل ذلك يتضمن دلالات وإيحاءات إيجابية فاعله في مجال تحسين أوضاع حقوق الإنسان والمرأة خصوصاً.

ثالثاً- التطلعات .. استشراف المستقبل

من أهم أهداف وتطلعات المرآة اليمنية زيادة تمكينها من النشاط في المجال العام خاصة في المجال السياسي، وهنا تبرز أهمية الكوتا كمفهوم ومنهج (ليس كهدف بحد ذاته بقدر ما يعتبر وسيلة مؤقتة)، في حالة إقراره (لفترة مؤقتة 15 سنة على الأقل) كتمييز إيجابي من شانه تمكين المرأة سياسياً حتى يتعود المجتمع على ظهور المرآة ووجودها في مختلف مراكز صنع القرار، والكوتا قد تم استخدامه في عدد من الدول النامية من بينها دولا عربية.

من اجل تزايد حجم النساء في المشاركة السياسية ومراكز القرارات وفي الوظائف العامة وزيادة حجمهن ونشاطاتهن في مؤسسات المجتمع المدني يتطلب ذلك

جملة من الإجراءات والتدابير على المستويين العام والخاص (الموضوعي والذاتي) **المستوى الأول:** يتضمن خمس عوامل ذات أهمية كبيرة انطلاقا من كونها تشكل مجمل الأسس والمقومات للسياق المجتمعي وللكيان السياسي الرسمي التي ترتبط بها قضايا المرآة سلبا وإيجاباً وهي:

1. تغيرات بنائية وهيكلية في مؤسسات الدولة تهدف إلى توسيع حجم مشاركة المرأة.
2. تطوير التشريعات والقوانين السائدة بهدف إزالة كافة أشكال التمييز (المباشرة وغير المباشرة) ضد المرأة.
3. دعم تعدد وتنوع الأطر المؤسسية الخاصة بالمرأة وزيادة الدعم المادي لها، كتعبير عملي لالتزام الدولة سياسياً بمناصرة المرأة.
4. دعم التحول الديمقراطي وتوسيع فضاء الحريات العامة بهدف إيجاد مناخ ملائم لمشاركة المرآة في العمل السياسي.

المستوى الثاني: يتضمن اعتماد آليتان هامتان لهما القدرة على تعظيم منافع المرأة من المتغيرات التي تحدث في المجال العام (أي السياق المجتمعي ومؤسسات الدولة والتي يتضمنها المستوى الأول) هما:

- بناء القدرات أي البناء الذاتي للمرأة من حيث التعليم والتثقيف والتدريب واكتساب المهارات والمعارف.
- التمكين أي إبراز وجود المرآة وتفعيل نشاطاتها وادوارها من خلال المشاركة في مختلف المجالات الاقتصادية والاجتماعية والسياسية (رسمياً / وأهلياً) خاصة تمكينها من الولوج إلى مراكز القرارات مركزياً ومحلياً.

الجدير بالذكر أن هذين المستويين يتصفان بالترابط والتكامل ويميلان إلى تعزيز بعضهما البعض، أي انه لا يمكن تحقيق أي تطور أو تغيير في ذاتية المرآة وادوارها ومواقعها اجتماعياً واقتصادياً وسياسياً دون أن يرتبط ذلك ويتلازم مع تحقيق تطور مماثل في التشريعات والقوانين وفى إيجاد أطر مؤسسية خاصة بالمرأة، ذلك أن ضمان مشاركة المرأة في عمليات التنمية الاقتصادية الاجتماعية من شأنه

تمكين المرأة في تعزيز تواجدها ومشاركتها في العمل السياسي كناخبة ومرشحة وعضوه في مختلف الأحزاب والتنظيمات السياسية.

آليات تفعيل دور المرآة سياسياً واجتماعياً واقتصادياً في إطار تطلعاتها المستقبلية

- بناء تحالفات مجتمعية داعمة ومناصرة لاقرار الكوتا كمنهج لتمكين المرآة من المشاركة السياسة وزيادة حضورها الكمي في مختلف المؤسسات الرسمية والحزبية،)البرلمان / مجلس الشورى / المجالس المحلية / الأحزاب السياسية) أي منح المرأة مجموعة من المقاعد (حصص) على الأقل لمدة خمسة عشر عاماً.
- تنمية الوعي باستحقاقات المرآة القانونية كما وردت في المرجعية القانونية المحلية أو الدولية التي صادقت عليها الحكومة اليمنية.
- تنفيذ حملات مستمرة من البرامج التوعوية التي تهدف إلى التنشئة السياسية للمرأة بغرض توسيع معارفها بالعمليات الانتخابية ورفع الوعي لديها بأهمية المشاركة السياسية.
- تصحيح النظرة التقليدية تجاه المرأة التي تتضمنها الكتب الدراسية والبرامج الإعلامية والبرامج الحزبية.
- تمكين المرآة من المشاركة في صياغة القوانين والتشريعات المختلفة حتى تتمكن من طرح مطالب النساء وتحقيق رؤية متساوية مع الرجل في مواد ونصوص تلك التشريعات والقوانين.

تعتبر النظرة المتكاملة لحقوق المرأة هي المدخل الصحيح والأفضل نحو توسيع خياراتها وتمكينها من المشاركة سياسياً وتنموياً، واعتبار تنمية المرأة والارتقاء بها دعامة أساسية للارتقاء ونهضة المجتمع بشكل عام.

وختامًا يمكن القول ان الفرصة أصبحت مواتية الآن للمرأة العربية بأن تمسك بزمام المستجدات العصرية لتصنع دورها بفعالية في بناء المجتمعات العربية؛ لأن الثورة المعلوماتية الهائلة التي تحققت في العالم أفرزت نموذجًا جديدًا هو مجتمع المعرفة ذلك المجتمع الذي تحتل فيه المعلومات والعمل الذهني موقع القلب، بل إن

تشكيل العلاقات بين أفراده يتوقف على قوة المعرفة وليس على القوة العضلية فقوة العقل هي المفتاح أمام المرأة حتى تحصل على حقوقها الكاملة شريطة استيعابها لعناصر المعرفة المعاصرة بكافة أبعادها فسواء الرجل أو المرأة إذا ما أثبت أي منهما أنه كائن مبدع وخلاق في مجتمعه، فإنه من البديهي لأي مجتمع أن يستثمر هذه الطاقات المبدعة والخلاقة في بنائه نحو التقدم والرفاهية .

كما أن تحرير المرأة من أشكال التمييز، حيث تعيش تحت وطأة الظلم في علاقتها مع الرجل والمجتمع، ليس مرده إلى القانون بل مرده الحقيقي إلى سوء تطبيقه من قبل بعض القائمين على تنفيذه وتفسيره سواء من المختصين أو من العامة، كما يجب أن تتمسك المرأة بالمكاسب التي أحرزتها وأن تواصل جهودها لاستمرار نجاحها والعمل على كسب ثقة المجتمع فيها، أن تعمل جاهدة لتأخذ مكانها الطبيعي في المجتمع.

ملف المرأة العراقية: بأقلام عراقية

التطور السياسي للمرأة العراقية

د. وصال العزاوي

تنطلق أهمية البحث من ضرورة رصد التطور السياسي لمركز المرأة العراقية والفرضية التي ينطلق منها هذا البحث :

هو هل المرأة متغير أساسي في التطور الذي تعيشه التجربة العراقية ام هي متغير تابع؟ وكيف تأثرت بمجمل المتغيرات التي يعيشها الواقع العراقي ؟

في معنى التطور السياسي :

في البدء يشير مفهوم التطور الى التغيير والارتقاء او التنوع المصحوب بالتكامل وتبدل الموجودات .....

أما في السياسة فهو دراسة طبيعة المجتمع والتاريخ والانسان والدولة والقوى والاتجاهات والقوانين التي تسود المجتمع، ويعالج علاقة الانسان بالمجتمع والتاريخ وكيف يجب او يمكن ان يكون ...

وعليه، فإن التطور السياسي يوصف بأنه حركة المجتمع بأسره وسعيه للانتقال الى التغيير والارتقاء من وضعية الى وضعية اخرى أساسها عملية التغيير الاقتصادي والاجتماعي وتغيير شكل العلاقات الاقتصادية والاجتماعية في المجتمع، ويشمل التطور السياسي تطور قدرات الابنية السياسية وتطور الثقافة السياسية بمعنى اكسابها قيداً ومضامين جديدة وتطور السلوك السياسي للانسان (1) ....

أما هدف التطور السياسي فهو تحريك الكفاءات البشرية وتعبئتها نحو هدف منشود للمجتمع بهدف توفير التنمية اي خلق تلك الارادة القادرة على ترجمة مشاعر الولاء الوطني الى سياسات وبرامج عمل ... ولا بد ان يتم استيعاب القوى الجديدة التي تنشأ اثناء عملية التطور السياسي، اذ يعبر التطور السياسي في اوسع معانيه عن الانتقال من نظام سياسي الى آخر يحتوي كل منهما على خصائص يتميز بها عن الآخر(2).

السؤال الذي يطرح نفسه :

ما هي المتغيرات الاساسية التي تحكمت في التطور الكلي لمجتمع العراق بقصد ابراز موقع المرأة في ذلك التطور بالتأثير والتأثر سواء اكانت متغيرات اصلية ام متغيرات تابعة .. واين المرأة من كل ذلك وهل استطاعت ان تؤدي دورها في ذلك التطور واين هو موقعها من ذلك التطور ؟

الحركة النسوية العراقية : رؤية تاريخية

المرأة في اي مجتمع تعكس واقع ذلك المجتمع، ينهض مركزها بنهوضه ويضمحل بأضمحلاله ...والمرأة تاريخها في المجتمع العراقي انسانة ذات كيان ووجود اجتماعي معترف به ... فشريعة حمورابي خصصت ما يقرب من (90) مادة من مجموع (282) للمرأة وحقوقها وواجباتها وعلاقتها ببقية افراد المجتمع......

نعم لقد حفظت لنا الكتب والوثائق والمكاتبات والسير الذاتية لمؤرخين وسياسيين واعلام فكر عراقيين من اجل نيل حقوق المراة العراقية المستلبة والتحرر من القيود التي فرضها التخلف الذي كان ينخر بجسد الامة العراقية .

ومنذ بدايات القرن العشرين كان الصراع قائما ولم يزل بين دعاة التجديد وتحرير المجتمع والمراة وبين المتعصبين والغلاة الداعين الى ابقاء المراة في العصور المظلمة ومانراه اليوم ونحن في الربع الاول من القرن الحادي والعشرون ماهو الا عودة الى بدايات ذلك الصراع في وقت نحن احوج مانكون الى تضييق الهوة المتسعة التي تفصلنا عن العالم المتحضر والمتطور والمتقدم ..

ولنقتطف بعض الوقائع التاريخية لهذا الصراع: فمثلا عام 1904صدر امر سلطاني من استنبول يطلب من والي بغداد عبد الوهاب باشا ان يسجل عدد النساء في العراق ومنح كل واحدة منهن تذكرة عثمانية اسوة بالرجال , ولما شاع الامر بين اهالي بغداد قامت قيامتهم لما يحتفظون به من تقاليد موروثة وعادات عربية معروفة معتبرين هذا الامر الذي اقدم عليه الوالي يمس شرفهم ويحط من قدرهم وكرامتهم وساروا بمظاهرات وفعلا تمكنوا من اجبار الوالي على تأجيل امر التسجيل ....

والحادثة الاخرى كانت عام 1908 عندما اعلن الدستور العثماني واقيمت المهرجانات احتفالا بهذه المناسبة ومما دفع الشاعر العراقي جميل صدقي الزهاوي الى نشر مقالته المشهورة في جريدة المؤيد المصرية حول ضرورة تحرير المراة من عبوديتها داعيا المحاكم الشرعية الى منحها حقوقها اسوة بالرجل مستشهدا بالاية القرانية الكريمة (ولهن مثل الذي عليهن)وما ان وصلت هذه الجريدة الى بغداد واطلع عليها الاهالي حتى ماجت الارض بأهلها وتعرض الى ما تعرض اليه الشاعر الزهاوي من اعتداء وهجوم عنيف مما دفع بناظم باشا والي بغداد ايامئذ الى فصله من وظيفته تحت ضغط الجماعات المتشددة على الرغم من تراجع الزهاوي وانكاره لتلك المقالة بعد اهداره دمه .

وفي عام 1922 اقام المعهد العلمي ببغداد مهرجانا شعريا عرف بأسم سوق عكاظ ورأى بعض منظميه ان تساهم الفتاة العراقية فيه فعارضه بشدة عبد الرحمن الكيلاني النقيب رئيس الوزراء انذاك لاسيما وان الفتاة التي وقع الاختيار عليها هي حفيدة الشيخ احمد الداود الذي درس عليه الحديث والاصول فثارت ثائرة المتشددين ونظموا حملة للتنديد بالمعهد وهدر دماء القائمين عليه .. ولاننسى حادث الاعتداء

الذي كاد يتعرض له الشاعر معروف الرصافي في اذار من نفس العام حيث هاجم الرصافي المحافظين والمتعصبين هجوما عنيفا في معرض دفاعه عن حقوق المراة بقصيدة طويلة من ابياتها :

لقد غمطوا حق النساء فشددوا عليهن في حسب وطول ثواء

الم ترهم امسوا عبيدا لانهم على الذل شبوا في جحور اماء

اقول لاهل الشرق قول مؤنب وان كان قولي مسخط السفهاء

واقبح جهل في بني الشرق انهم يسمون اهل الجهل بالعلماء

وراحت جريدة دجلة تنظم حملة عنيفة ضد الرصافي وقام رجال الدين برفع المضابط واصدار الفتاوى بتكفيره الا ان الرصافي سانده انصار التجديد وعاضدوه وناصروه رافق ذلك نشر الصحف العديد من المقالات المطالبة بتعليم المراة ورفع الغبن عنها..

وبدات الحركات النهضوية الداعية الى الثورة على الجهل والتخلف تنمو في العراق حاملة راية التحرر وداعية الى اللحاق بركب التطور الذي غزا العالم وكان لابد للمراة العراقية من ان تتأثربتلك الدعوات سياسية كانت ام اجتماعية فكانت حاضرة مع اول ظهور لحركات التحرر في العراق التي حمل لوائها السياسي اليساري الرائد (حسين الرحال)..فمضت المراة العراقية حملة تنادي بحقوقها وحرياتها وتعمد الى تشكيل جمعيات نسائية خاصة بها او منظمات مدنية تعنى بشؤن الاسرة كما تمكنت عام 1923 من اصدار عدد من المجلات النسائية ابرزها مجلة (ليلى) التي رأس تحريرها (بولينا حسون) احدى زعيمات النهضة النسوية العراقية .

وفي عام 1924 افتتح اول نادي نسوي يحمل اسم (نادي النهضة النسائية) تألفت هيئته الادارية من (اسماء الزهاوي شقيقة جميل الزهاويونعيمه السعيد وماري عبد المسيح وفخرية العسكري زوجة جعفر العسكري) فسارعت جريدة العراق الى الترحيب به معتبرة افتتاح النادي انتصارا لحرية المراة .

وكان لجريدة (الصحيفة) دور مهم في نشر الافكار التي تدعو الى الحرية والتطور ونبذ التقاليد ومحاولات لخلق مفاهيم حضارية جديدة .

لكن المحطة الاهم في تاريخ نهضة المراة العربية عموما والعراقية خصوصا هو ابثاق مؤتمرات خاصة بالمراة ,ويعزى ذلك للنشاط الذي تبناه المفكر اللبناني (محمد جميل بيهم)ضمن مساعيه الحثيثة للدفاع عن حقوق المراة العربية فتلقت زعيمة النهضة النسائية العراقية (اسماء الزهاوي) رئيسة نادي النهضة رسالة من رئيسة المجمع النسائي العربي اللبنانية (نور حماده)بداية اذار 1929 تدعو فيها المراة العراقية للتشاور من اجل عقد اول مؤتمر نسوي عربي , وفعلا تم عقد اول مؤتمر نسوي عربي في القاهرة .

وفي عام 1930 عقد المؤتمر النسوي الثاني في سوريا وشاركت المراة العراقية في هذا المؤتمر وكانت امينة الرحال وجميلة الجبوري يمثلان وفد العراق .. ولم يحل شهر تشرين ثان 1932 حتى انعقد ببغداد مؤتمر المراة العربية الثالث وهو اول مؤتمر للمراة في تاريخ العراق , مما عزز اتصال حركة المراة العراقية بمثيلاتها في الدول الاخرى ,

ومنذ اربعينات القرن الماضي بدأت المرأة العراقية ترتاد النوادي ودور السينما والحدائق العامة بل اصبحت مشاركة في الانشطة الثقافية والادبية ومتذوقة لكل انواع الفنون الموسيقية والمسرحية والتشكيلية ,, الا ان النشاط الاهم واللاحق هو دخول المراة المعترك السياسي. فعلى سبيل المثال ضم الحزب الشيوعي العراقي انذاك نساء من مختلف الاعمار والدرجات الوظيفية والمستويات الثقافية والاجتماعية فكن يحضرن الاجتماعات السرية ويؤدين الواجبات الحزبية ويشتركن في التظاهرات والاعتصامات ولنتذكر العراقية (عدوية الفلكي) تتقدم اشهر تظاهرة في تاريخ العراق السياسي عرفت باسم وثبة كانون ..

ومع استمرار الحركة النسوية العراقية ونهوضها وفرض ارادتها في الشارع العراقي كانت الخمسينات سنوات الازدهار في النشاط النسوي العراقي حيث اقتحمت النسوة مجالات العمل في القطاعات العلمية والثقافية والادبية والفنية وبأسماء عراقيات مبدعات تركن بصمات واضحة عليها. وفي عام 1959 تمكنت المراة العراقية من تحقيق اهدافها التي كافحت من اجلها واستطاعت مع بدايات

العهد الجمهوي ان تحصل على اول قانون ينظم الاحوال الشخصية في العراق وكان قانون رقم 188 اول قانون مدني للاحوال الشخصية .

وخلال عقد الستينات حصلت المراة على اول امتياز مهم وهو تعيين اول وزيرة لوزارة البلديات وهي السيدة نزيهة الدليمي لتكون اول وزيرة في تاريخ الحكومات العراقية .

وخلال الستينات تعرضت المراة العراقية الناشطة في الاحزاب الى مطاردات واعتقالات وتم غلق العديد من النوادي والجمعيات النسوية .. ومع بداية السبعينات شهد النشاط السياسي النسوي انحسارا بفعل سيادة نظام الحزب الواحد وحظر النشاطات السياسية بأستثناء الحزب الحاكم حيث بدأت مرحلة ادلجة المجتمع العراقي بأديولوجية احادية وهي (حزب البعث) ومنع اي نشاط حزبي او اي تجمع وتنظيم خارج هذا الاطار وتم تأسيس منظمة نسوية تابعة للحزب الحاكم وهي الاتحاد العام لنساء العراق واعتبرت هي الممثلة والناطقة الوحيدة للمرأة العراقية في داخل وخارج العراق(4) .

وكانت سنوات الثمانينات والتسعينات من اشد سنوات الشدة والقسوة على المرأة العراقية فقد كانت الحرب التي خاضها العراق مع ايران ومن ثم حرب الخليج الثانية وغزو الكويت وما تبعه بعد ذلك من سنوات الحصار الاقتصادي ... هذه الحروب تركت تداعياتها على واقع المرأة العراقية وتحملها المسؤلية كاملة سواء على صعيد الاسرة والمجتمع ..

وبسبب الظروف الاستثنائية التي مر بها العراق , فقد تقلصت مساحة الحرية الى ادنى مستوى وبالتالي تقلصت منظمات المجتمع المدني وانكمش نشاطها ان لم نقل توقفت وتم تهميش دور المراة السياسي والقيادي بشكل واضح وتركت ظروف الحرب وسنوات الحصار على العراق تداعيات سياسية واجتماعية واقتصادية وثقافية وتقنية طالت نساؤه ورجاله واوقعت على المراة ضغوطا استثنائية لجهة تدبير شؤون العائلة والمنزل وبعملها خارج المنزل اضافة الى قيامها بدور الرجل الغائب (رب العائلة) حيث الغالبية العظمى من الرجال ملتحقون في الجيش او في جبهات القتال

حيث النفير العام قائم على كل الرجال من عمر ستة عشر حتى الستين عاما .. بيد ان المراة من جانب اخر اكتسبت جدارة وقدرة في تأدية الدور التربوي والابوي والاسري والعمل الوظيفي وهذا نابع من خصوصية شخصية المراة العراقية وقدراتها تجلت عبر التاريخ بقوة الارادة والتحمل والابداع رغم كل ماتعرضت له من تهميش واقصاء وظلم من المجتمع الذكوري .

الوضع السياسي للمرأة العراقية في اطار مفهوم الكوتا :

مبدأ الكوتا (الحصص) النسوية كمفهوم ومنهج يشير الى تخصيص عدد من المقاعد للمرأة في البرلمان او المجالس المحلية على وفق عملية التعيين او الانتخاب ويرتبط ذلك بعدد من المسوغات اهمها: انه لما كان المجتمع العربي لايزال مجتمعا تقليديا حديث العهد بالديمقراطية , ولاتزال الثقافة التقليدية السائدة تخلق في وعي الافراد ممانعة قوية لمشاركة المرأة في العمل السياسي عامة ووجودها في مراكز صنع القرار خاصة , وهنا من اجل الاسراع بتحسين اوضاع المراة سياسيا وتمثيلا للاتفاقيات الدولية الخاصة بالمرأةالتي صادقت عليها الحكومات العربية وجب ابراز وجود المراة في مختلف المؤسسات القيادية في الدولة .

ولنظام الكوتا اشكال عدة فهناك الكوتا المقننة فيصدر بها قانون يلزم المنظمات السياسية ان تكون المرأة ممثلة في القائمة الانتخابية لها وهي مطبقة في دول مثل فرنسا والارجنتين وجنوب افريقيا , ففي فرنسا مثلا يلزم قانون الاحزاب ان تكون للمرأة نسبة 50% من قوائم الاحزاب ولكن على الرغم من هذا الالزام فأن 12% فقط هي نسبة تمثيل المرأة في البرلمان ... وهناك كوتا لتخصيص المقاعد (وهو النوع الاكثر ملائمة في الدول العربية) اذ تم تخصيص 33% من المقاعد في المجالس المحلية للمرأة .. وثالث انواع الكوتا هي الكوتا الحزبية , وهنا تتبنى الاحزاب طواعية تمثيل المرأة في قوائمها مثل السويد , فقد تبنى الحزب الديمقراطي الاجتماعي مبدأ ان يكون مقابل كل مرشحين امرأة وبذلك يكون تمثيل المرأة في القائمة الانتخابية 50%. (5).

الا ان نظام الحصص النسائية ليس مطلوبا على صعيد المؤسسات الرسمية ودوراتها الانتخابية فحسب , فمؤسسات المجتمع المدني الاهلية تقع على رأس الجهات المعنية بذلك , وعلى عاتقها تقع مسؤلية توظيف اليات الحصص النسائية لتفعيل مشاركة المرأة في مراكز صنع القرار, والمؤسسات الاهلية منوطة بشكل اساسي في بلورة المهارات القيادية للمرأة واظهار كفائتها, وذلك لايتحقق الا بأفساح المجال امامها لخوض التجارب القيادية وبالتركيز على مهام تدريب المرأة وتثقيفها واعداد الكوادر النسائية المؤهلة ماعدا ذلك فلا معنى لاي حديث عن المشاركة والديمقراطيةوالمساواة وتكافؤ الفرص (6).

وقد استخلصت دراسة اعدتها لجنة الفرص المتساوية التي انشأها البرلمان البريطاني في دراسة عن التمثيل السياسي للمرأة هدفين اساسيين هما :

1. تحديد الاستراتيجيات المستخدمة لتحقيق نسب تمثيل اعلى للنساء وكيفية الاحتفاظ بتلك المستويات و2. فحص الادلة والبراهين على العلاقة الطردية بين تطور سياسات النوع الاجتماعي المتزنة عند التمثيل السياسي للنساء والتغيير في السياسات العامة في البلد.

وأشارت الدراسة الى ان العوامل المؤثرة في مستويات التمثيل النسوي تتمثل في الثقافة النمطية والمعتقدات المتحيزة ضد المرأة مازالت منتشرة ومتعايشة مع نقيضها من ايديولوجيات الفرص العادلة للمرأة وان العوامل الحاسمة في زيادة التمثيل السياسي للنساء هي العوامل السياسية وليست العوامل الاقتصادية كخروج المرأة للعمل , وعندما وعت الاحزاب السياسية لثقل المعوقات الثقافية والاجتماعية شرعت في تبني سياسات واجراءات ايجابية دفعت بأدوار المرأة دفعا قويا الى الامام .

وقد ارتفع التمثيل النسائي في الاحزاب التي طبقت الكوتا بشكل ملحوظ وفي البداية طبقت هذه الاحزاب نظام الحصة في المناصب الداخلية كما حدث في اسبانيا وحزب العمال في استراليا والحزب الديمقراطي في المانيا ثم تقدم التطبيق تدريجيا لحصص النساء على القوائم الحزبية للانتخابات وهذه اقوى واكثر تاثيرا , وخلصت الدراسة الى ان الكوتا الانتخابية كانت فاعلة دوما في زيادة عدد التمثيل

النسائي بغض النظر عن النظام الانتخابي عللى الرغم من فاعليتها المثلى عادة عند توفر نظام التمثيل النسبي .

اما النتائج على مستوى السياسات اللازمة فتضمنت:

1.عدم التمييز ضد المرأة في مرحلة اختيار المرشحين على قوائم الاحزاب.

2.عدم التمييز ضد المراة في الانظمة الانتخابية لانتخاب المرشحين.

3.عدم التمييز ضد المراة في عمليات اتخاذ القرار.

وهذه السياسات لابد وان تنفذ من خلال استراتيجيات ومنهجيات ايجابية متنوعة تتخذها الاحزاب بجدية .

بالمقابل على الحكومة ايضا تقديم تشريعات تشجيع الاحزاب على ايصال اعداد اكبر من النساء الى البرلمان وهذا يفرض تغييرا في النظام الانتخابي عندما يأتي الامر لاختيار المرشحين الى البرلمان واعتماد انظمة متقدمة للقوائم مثل التناوب (رجل \امرأة)... وكذلك على الحكومة ايضا توفير الية اتصال مباشرة بينها وبين النساء في البرلمان للتأكد من متابعة تطبيق الاجندة النظرية للحكومة ويمكن تسمية هذه الالية بمسميات مثل وحدة المراة او وحدة المساواة على ان ترعاها بالتمويل اللازم والكوادر البشرية العاملة والمعلومات وتصلها بكافة الوزارات بروابط قوية.(7)

ان اعتماد مفهوم ومنهج الكوتا (حصص) من اجل تمكين المراة العراقية في الولوج الى مختلف المؤسسات القيادية والسياسية ورد في قانون ادارة الدولة الذي وضعه بول برايمر الحاكم العسكري في العراق المحتل .. هذا القانون اعطى للمراة العراقية الحق في المشاركة بنسبة لاتقل عن 25% في الجهاز التشريعي والتنفيذي فرشحت ولكن عبر المحاصصة والطائفية بدلا من استحقاقها الحقيقي على وفق ماتملكه من مؤهلات وقدرات قيادية ...

والحقيقة تقال ان وجود المراة في البرلمان العراقي هو مجرد اشغال مقاعد وفق املاءات سياسية وحزبية فلا فائدة من حصولهن على هذه النسبة ولايكون لهن صوت مؤثر .. ودعونا مثلا نرى عملية كتابة الدستور العراقي ,حيث لانجد من

القائمين على هذا العمل من يمثل المراة ولو بالنيابة وبالتالي لم تشكل حقوق المراة هاجسا للمشاركين. فالصراع في العراق الذي سيطر عليه الجماعات المتشددة من ناحية وقوات الاحتلال والامن العراقي من ناحية اخرى , نتج عنه تغيير قيمي لم يسمح بطرح دور المراة السياسي او بمحاولة تحريرها من القيود التي ترزح منذ عدة عقود .. فقد وضع الدستور في العراق وسط الصراع وليس مع نهايته .

اما على صعيد المنظمات النسوية , فقد شهدت الساحة العراقية تحركا واسعا ومنذ عام 2003على صعيد منظمات المجتمع المدني والمؤسسات الانسانية ومن ضمنها المنظمات النسوية المتعددة التوجهات حيث تشكلت منظمات كثيرة ذات اهداف متنوعة وتحت مسميات مختلفة وقد وصل العدد رقما قياسيا يتجاوز المائة , حتى بعض الاحزاب السياسية التي لم يعرف لها اهتمام بشؤون المراة فقد اسست منظمات نسوية تعمل كواجهة لها , كما توجهت الى العراق منظمات اجنبية هدفها تقديم الدعم للمنظمات النسوية الفتية .. كما تبنت برامج طموحة جدا لو تحققت فعلا لقفزت بالمراة الى مديات بعيدة ومن هذه المنظمات منظمة المراة من اجل السلام والديمقراطية , كما لعبت بعض المنظمات مثل شبكة النساء العراقيات التي تضم اكثر من خمسين منظمة نسوية في افشال تمرير قرار 137 الذي يلغي العمل بقانون الاحوال الشخصية رقم 188 لعام 1959. (8).

والملاحظ ان المنظمات النسوية وعلى كثرتها لم تكن موحدة او تجمعها رؤية مشتركة فقد تعددت اتجاهاتها فهناك منظمات نسوية تطالب بأنهاء الاحتلال الاميركي للعراق ورفض تقسيم العراق والفيدرالية وغيرها من المشاريع الغربية والمرفوضة من المجتمع العراقي .. وهناك منظمات تابعة لاحزاب الكبيرة والحاكمة وهي تمثل توجهات تلك الاحزاب وتشارك في التعبئة الشعبية وهي لاتقدم اي خطط خاصة بها وانما تتبنى توجهات الحزب التي تنتمي له .. وهناك منظمات تم زرعها في العراق وهي تتبع توجهات خارجية متعددة الاغراض وتعمل بواجهات الاغاثة او المساعدات الانسانية.

ولاننسى ايضا وجود منظمات نسوية خارج العراق موزعة على دول الجوار وفي دول اوربية تتحرك باتجاه مناشدة الراي العام العالمي والدولي ومنظمات دولية للمخاطر التي تتعرض لها المراة العراقية تطالب بتوفير الحماية التامة من اجل ان تاخذ المراة العراقية دورها الطبيعي بعيدا عن السياسات الطائفية والمحاصصة .. وقد نجحت بعضها في عرض واقع المراة العراقية ومعاناتها والمعتقلات العراقيات في سجون الاحتلال وغيرها من القضايا التي تكشف الواقع السياسي والاجتماعي والاقتصادي الذي تعاني منه المراة العراقية.

ويقينا ان المراة العراقية التي ستنظم حالها في منظمات نسوية تتفاعل مع الظرف وتساهم في رسم السياسة المستقبلية للعراق ستجد ان التكاتف والتوحد بغض النظر عن الانتماءات السياسية او القومية او الدينية سيجعل من هذه المنظمات قوة فاعلة وجديرة بالتقدير والاهتمام .

المصادر

1- القران الكريم

1. ينظر ندوة (امكانيات المرأة العربية في العمل السياسي) , مركز دراسات الوحدة العربية , بيروت , 1982 ...

2. ينظر ندوة الديمقراطية وحقوق الانسان في الوطن العربي , مركز دراسات الوحدة العربية , بيروت , د.ت ينظر حول ذلك: محمد حبيب الفندي , حوارات حرة حول المرأة في الاسلام , دار الرضوان , حلب , 2000 , ص10.

3. جمال محمد رسول الباجوري , المرأة في الفكر الاسلامي , ج1, 1986, ص 170- 180. الغزالي حرب , استقلال المرأة في الاسلام , دار المستقبل العربي , القاهرة (د.ت) ص 90 – 95

4. حول ذلك ينظر: عبد الجبار البياتي , لمحات من تاريخ الحركة النسوية العراقية عودة الى بداية الصراع من اجل التحرر , مركز الدراسات \امان \المركز العربي للمصادر والمعلومات \ابحاث\2007

5. بيار محمد , افاق الحركة النسوية ودور الدستور في تغيير اوضاع المرأة العراقية \مركز الدراسات \امان \الخميس 26\اذار\2009

6. هادي حسن العلوي , الدور السياسي والقيادي للمرأة في العراق , جريدة الصباح , بغداد , 14كانون الثاني 2008

7. ينظر: هيفاء خشن العزاوي: حقوق المرأة بين الشريعة الاسلامية والقوانين الوضعية , رسالة دكتوراه غير منشورة , كلية العلوم السياسية \جامعة النهرين , 2007 , ص 155.

8. المصدر السابق: ص 156.

9. ينظر فريدة غلام , دراسة بريطانية عن التمثيل السياسي للمرأة: الكوتا عامل حاسم , مركز الدراسات \امان \المركز العربي للمصادر والمعلومات 2كانون ثاني 2004

10. ينظر :سناء صالح , المنظمات النسوية في الخارج اداؤها , المعوقات التي تعترض عملها , مقترحات لتطويرها \موقع بنت الرافدين\2007
وكذلك: سيف الدين كاطع , المنظمات النسوية .. نبض المجتمع المدني الجديد , جريدة الصباح , 17تشرين اول 2008

المشاركة السياسية للمرأة في العراق:

الشهيدة سهى الشماع

أثبتت الدراسات العلمية وبحوث التنمية البشرية، أن القيادة الشاملة والشراكة تقوم على أساس التواصل الفعال من كلا الجنسين بين فئات المجتمع. كما إن الكل يجمع على أن مشاركة المرأة للرجل في الحياة العامة تعكس مدى تقدم المجتمع ونهضته في المجالات السياسية والاجتماعية

والاقتصادية والثقافية، وقد منح الدستور العراقي المرأة حق الانتخاب والترشيح مما يعطي مؤشرا لوجود القناعة بهذا الحق ، وساعد وجود المنظمات النسائية و النساء البرلمانيات على دعم المرأة للمشاركة في الحياة السياسية، وتحقيق تطلعاتها نحو حياة أفضل، وحيث إن دور المرأة ضرورة لإدامة التجربة الديمقراطية، وعامل هام في التنمية السياسية فان من مهام منظمات المجتمع المدني تدعيم هذا الدور، والمساعدة في إيصال المرأة العراقية إلى البرلمان , وفي السنوات الأخيرة حدثت تطورات واضحة على وضع المرأة العراقية بشكل عام أن كانت السياسية , الاجتماعية ،الاقتصادية أو القانونية , وان كنا لا نزال نطمح للمزيد.

المرأة العراقية لم يكن لها دور في رسم السياسات في المجتمع العراقي على مدى التاريخ إلا من خلف ستار الحريم .باستثناء وزيرتين هما د. نزيهة الدليمي في نهاية خمسينيات القرن المنصرم ود.سعاد خليل إسماعيل في بداية سبعينيات القرن نفسه .ولم يشكل مشاركة هاتين السيدتين الجليلتين سوى استثناء لثقافة ذكورية طغت على عالم السياسة منذ قرون طويلة. وبالرغم من أن المرأة أحرزت تقدما ملموسا على المستوى الإداري في وزارات الدولة وفي التعليم وحصلت أعداد كبيرة من العراقيات على شهادات عليا وكفاءات متنوعة من جامعات عالمية ومحلية وازداد عدد المعيلات من النساء منذ بداية ثمانينيات القرن الماضي, وتميزت الكفاءة النسوية في سوق العمل والتجارة والمقاولات إلا أن عدد النساء المشاركات في المجلس الوطني في التسعينيات لم يتجاوز عدد الأصابع.

المرأة والتنمية السياسية

ان مشاركة المرأة في المجال السياسي تعتبر محدودة نسبيا في العراق , مما يعزى في أغلب الأحيان إلى ضعف التمكين السياسي للمرأة بالرغم من إن نسبة النساء الحاصلات على تحصيل علمي مرتفع في العراق , ومع ذلك لم تنعكس بعد

على زيادة المشاركة السياسية. والسؤال الذي يطرح هنا هو كيف نفسر ضعف التمكين السياسي للنساء وما يمكن فعله في هذا الشأن.

وبين استبيان أجري كان هدف منه بحث مشاركة المرأة في العمل السياسي الذي لا يزال مقيدا ببعض قيود المعارضة أو الرفض في وسط تسعى من خلاله الكثير من الفعاليات والمنظمات النسائية إلى تأكيد حضور المرأة وترسيخه بصعوبة.

طبق الاستبيان في عدة محافظات وفي أقضية ونواحي مختلفة منها في مناطق الريف ومنها في الحضر (المدينة)، هذا وقد جمع ا لاستبيان بين فئات مختلفة من أبناء المجتمع ومن كلا الجنسين وبمختلف المستويات العلمية.

ومن بعض نتائج هذه الاستبيان أن نسبة ملحوظة من أبناء المجتمع العراقي يؤيد عمل المرأة في المجال السياسي. وهذه النتيجة جاءت على عكس ما يتوقعه البعض، من إن تأييد المجتمع لعمل المرأة في المجال السياسي ما زال متدنيا، ولوحظ أيضا بان النسبة الغالبة على أفراد العينة يعتقدون بأنه لا يوجد تأثير لتكوين المرأة البيولوجي على العمل في المجال السياسي كما تبين بان النسبة الغالبية من أفراد العينة يعتقدون بان التأهيل العلمي العالي للمرأة يزيد من قدرتها ويحسن أداءها في العمل بالمجال السياسي إلا أن الملاحظ أيضا أن المجتمع ما زال يرى أن عمل المرأة في هذا الميدان يؤثر بشكل سلبي على دورها في تنشئة أطفالها والاهتمام بشؤون أسرتها. وحيث إن المرأة لم تأخذ دورها الحقيقي في مجتمعها الذي تمثله لذا بقيت حبيسة مايعطي لها الرجل من أدوار وبمعنى أدق القائمة الانتخابية مما نرى إن دورها في مناقشة القضايا السياسية ما زال هامشيا حتى الآن وغير فاعل .

ويرى الشارع العراقي إن نسبة (25%) التي وفرتها التشريعات لصالح المرأة كان تنفيذها متعثرا حيث سلمت إلى بعض من النساء اللواتي لم يرتقين إلى مستوى الطموح فقد تم زج بعضهن اللواتي لم يتجاوز عدد أصابع اليد من انتخبها.

وقد تكون من بين تلك الأسباب هي النسبة العالية في عدد الرجال بالنسبة لعدد النساء أو عدم تمكين النساء بأخذ دورهن في الساحة السياسية هذا فضلا عن

عدم القدرة في اختيار النساء الجديرات.ولكن في الوقت نفسه لانحاول التقليل من وضع المرأة العراقية بل بالعكس فقد حققت المرأة العراقية انجازات كبيرة رسخت وجودها السياسي والاجتماعي والمهني، إذن لابد أن ترتفع من أدنى واقل مرتبة إلى اعلي ورفيع المرتبة التي ينتظر منها وهي أهل لذلك .

الكوتا

تعرف الكوتا النسائية بأنها تخصيص عدد من المقاعد في الهيئات التشريعية والتنفيذية بهدف تحقيق نقلة نوعية في عدد النساء المشاركات، والقفز على المعوقات التي تمنع المرأة من الحصول على حقوقها السياسية وتصبح الكوتان آلية لتوفير فرصة للفئات الأقل حظا في المجتمع ومنها النساء في الوصول إلى الفرص.

لعبت الكوتا دورا أساسيا في إشراك المرآة في العملية السياسية منذ إقرارها إلى اليوم, لولا الكوتا لما زاد عدد النساء عن مقعد واحد أو مقعدين في أحسن الأحوال. إن الكوته النسوية أجبرت الأحزاب السياسية وللمرة الأولى أن تأخذ النساء بمحمل الجدية وتعمل على تأهيلها وتثقيفها وتمكينها وأحيانا إقناعها, فصوت المرأة يعادل صوت الرجل في مجلس النواب .

أقيم أول مؤتمر بعد السقوط في نادي العلوية يوم 29 أيار 2008 وما أن تم الإعلان عنه حتى توافدت مئات من النساء للمطالبة بالحقوق المشروعة والمشاركة في بناء عراق تعددي يحترم دور المرأة . انبثقت بعد المؤتمر عدد من التجمعات النسوية وخلال أسابيع اضطرت النساء على تشكيل شبكة من اجل تنسيق العمل بين المنظمات النسوية المختلفة. واجهت النساء التحدي الأول في يوم 29 كانون الأول 2003 حين أعلن مجلس الحكم آنذاك عن إلغاء قانون الأحوال في قرار رقم 137 سيئ الصيت. شكل القرار استفزازا واضحا للنشطات النسويات .واسهم بشكل فاعل في توحيد العمل النسوي تحديا للقرار الجائر. وعد الحاكم المدني بول بريمر بامتناعه عن تصديق القرار إلا أن وعده لم يكن كافيا وعملت الناشطات بشكل حثيث من خلال لقاءات مستمرة مع القيادات السياسية المختلفة وتشكيل رأي عام

مساند حتى أجبرت مجلس الحكم على التصويت مرة أخرى لإلغاء القرار .

شكل هذا انتصارا كبيرا للنساء, مما شجعهن عل مواصلة العمل للمطالبة بكوتة المرأة التي لا تقل عن 40% ضمن نصوص قانون الدولة للمرحلة الانتقالية.وبعد جدل طويل واخذ ورد تم الاتفاق على نسبة لا تقل عن 25 % للنساء في المجلس الوطني الجديد.

بما معناه الحد الأدنى للمشاركة وقابل للزيادة الكوتا التي منحت للمرأة لم تأت كمكرمة من لدن الطبقة السياسية المتنفذة، بل هي واقع حال فرض عليها فتبنته على مضض، وان كان الهدف منها منح المرأة فرصة المشاركة السياسية، إلا إن هذه الكوتا حولت المرأة في مجلس النواب إلى رقم يدعم سلطة أحزاب الأغلبية أو أجندات رئيس الكتلة أو الحزب، إذ جلبت المرأة إلى مجلس النواب على أساس حصة الطائفة وليس على أساس الكفاءة، فهذه النسبة ليست حقيقية لأنها لم تتمخض عن مخرجات ثقافة ديمقراطية، بل عملية قفز على الواقع وترقيع له وتغاضي أو غض الطرف عن تخلفه، فهو قرار فوقي لايمس القاع الراكد للثقافة الذكورية التي تحول المرأة إلى أداة للاستعمال، فتسلبها إنسانيتها.

نقد وتحليل نظام الحصص (الكوتا)

اختلف المجتمع بين مؤيد ومعارض لنظام الحصص (الكوتا) فمنهم من اعتبر إن نظام الكوتان غير عادل في التوزيع ومنهم من اعتبر ان نظام الكوتا مرحلة انتقالية يجب إن تمر بها العملية السياسية لإيصال المرأة إلى البرلمان, و في الحقيقة إن هناك عدة مبررات لتخصيص مقاعد للنساء في البرلمان عن طريق (الكوتا) ومن المفترض إن الكوتا وسيلة لتمييز ايجابي لإزالة التمييز ضد المرأة ولاستبعاد التاريخ لها من الحياة السياسية, ومن المفترض أيضا إن تقديم نظام الكوتا سيشجع المرأة لكي تصبح أكثر انخراطا وفاعلية في العملية السياسية. كما قدمت الكوتا فرصة غير مباشرة للنساء للتدريب وتجربة المشاركة في الشؤون العامة والتي لم

يكن ليحصلن عليها بطريقة أخرى, ومن المفترض أيضا إن تكون (الكوتا) إجراء مؤقت أو تبقى طالما هناك حاجة لها ولكننا نأمل إن لا تكون(الكوتا) دائمة وان تستطيع تحقيق الهدف المرجو من وضعها، حيث لنظام الكوتا مغالطات وأخطاء قد يراها البعض تزوير شرعي للأسباب الآتية:

1. إن نظام الكوتا هو نوع من أنواع التمييز واخلالا بمبدأ المساواة والديمقراطية المغيبة بالنسبة لحقوقها.
2. يفهم من نظام الكوتا بأن المرأة لاتصل إلى أهدافها اعتمادا على قدراتها الذاتية وبالتالي يولد لديها الشعور بالتبعية للرجل اوللكيان الذي تمثله.
3. إلغاء صوت الناخبين وحرمان الرجال من الوصول إلى المقاعد وذلك من خلال دخول المرأة في القائمة الانتخابية للكيان وفوزها حتى لو لم ينتخبها إي فرد إلا نفسها فقط وقد ولانتخب ، حيث يتم حرمان الرجل الثالث من الأصوات التي حصل عليها ومنحها للمرأة، وبذلك يتم تهميش وتغييب أصوات وإرادة الناخبين فضلا عن حرمان الرجل المنتخب من حقه.
4. إن نظام الكوتا يفرض فرضا قد يكون غير مقصود الكيانات التي تفوز بمقعد أو اثنين بأن لاترشح إلا رجالا على الرغم من الزام الكيانات الكبرى بمنح ثلث مقاعدها للنساء.
5. قد يسمح نظام الكوتا إلى تقسيمات إدارية مستقبلا حيث يدفع للمطالبة بحصة للشباب أو لبعض المهن مما يؤدي إلى فقدان جوهر العملية الديمقراطية .

إن الكوتا بحد ذاتها ليست هدفا وإنما وسيلة لتحقيق أهدافنا المشروعة وعلى رأسها حصول المرآة العراقية ألام والمعيلة من موظفة وعاملة وفلاحة على حقوقها المشروعة في عراق ديمقراطي غالبية الأحزاب ما كانت لتسمح بأية مشاركة للمرأة لولا وجود هذه النسبة، أدى إلى اختيار بعض الشخصيات النسوية غير كفؤة وانعكس سلبا على صورة المرأة السياسية، إذ أصبحت عبئا على مجلس

النواب وعلى بعض الوزارات إلى أقحمت فيها، وإذا كانت الكوتا نجحت في أن تضمن الوجود النسوي في البرلمان فهي لم تستطع ان تضمن مشاركة حقيقية لها في صنع القرار، إذ بقت المرأة البرلمانية أسيرة التبعية السياسية وصدى لصوت الرجل أو ظله و أصبحت رقما من ضمن الأرقام .

المرأة والأحزاب السياسية:

إن التمثيل الحزبي في العراق بالنسبة للمرأة متدنٍ بشكل عام, وهذا له أسباب, إذا لا تميل العديد من النساء إلى الدخول في الأحزاب السياسية لخوفهن من الدولة ولاعتقادهن إنهن سيصبحن ملاحقات بطريقة أو بأخرى, إضافة إلى العديد من الأسباب الأخرى التي أدت إلى ضعف الحياة الحزبية لها. كما تتسم الخطابات الحزبية بغياب قضايا المرأة في مرجعياتها, حيث لا تنسجم أطروحات البرامج السياسية للأحزاب التي تنادي بالمساواة مثلا مع الخطط البرامجية لها. وفي الحالة التي يتم فيها طرح أجزاء خاصة بالمرأة داخل الحزب فيتم التعامل معها على أنها قضايا اجتماعية فقط لا تحتل موقعا على سلم أولويات الأحزاب.

وبالرغم من مجهود النساء الكثيف في إطار هذه الأحزاب التي انصبت لخدمة برامجها المتعلقة بالسياسات الداخلية والخارجية، لم تستطع إلا نساء قليلات من الوصول إلى مواقع قيادية، الأمر الذي يثير التساؤل عن دور الأحزاب السياسية المحلية في تشجيع النساء على الانخراط في هذا العمل وتمكنهن من الوصول إلى المواقع القيادية وبعيدا عن النهج الذي فرض عليهن إن يبقين تحت مطاليب مظلة هذا الحزب أو ذاك الكيان وبالتالي فقدان حقها بفسحة العمل السياسي القائم على المبادئ الوطنية الثابتة الذي يتقاطع مع النهج الطائفي وكذلك ضياع فرصة المطالبة بحقوق النساء وبعيدا عن انتماءاتهن الحزبية .

المرأة والحقائب الوزارية:

نحن نساء اليوم، نطالب بأن تكون حصة المرأة كالرجل في العمل السياسي ولا نؤيد تخصيص حصة محددة لها في عضوية مجلس النواب الجديد بالذكر إن المرأة تبوأت مواقع وزارية نمطية فقد شغلت المرأة وهي مناصب كانت حكرا على الرجال أو تدخل ضمن التصنيفات التقليدية لعمل الرجال أو استحدثت مؤخرا.

أما على صعيد وصول النساء إلى المراكز العليا في المؤسسات الرسمية فان نسبة النساء في وظائف الفئة العليا متدنية هي الأخرى وكذلك في وظائف الفئة الأولى من الوظائف المدنية ولا تزال هذه النسب متدنية بالمقارنة مع قدرات وإمكانيات المرأة العراقية كما أنها لا تنسجم والخطابات السياسية التي تحاكي المرأة سواء في إعطاء النساء حقائب وزارية أو إدارية هامة. كما أنها لا تشير إلى مشاركة المرأة الوظائف العليا في المؤسسات الخاصة والتي يصعب الحصول على معلومات دقيقة حولها.

المرأة وانتخابات مجلس محافظات 2009 وبالنسبة لمشاركة المرأة في انتخابات مجالس المحافظات, فنعتقد إن هذه النسبة تعتبر متواضعة أمام طموحات المرأة العراقية, إلا أنها بالضرورة تشكل خطوة مميزة خاصة إذا ما ترافقت مع جهود لدعم النساء بالتدريب والخبرة.

حيث تعتبر هذه المجالس مؤسسات خدمية تهدف إلى توفير الخدمات المجتمعية داخل التجمعات السكانية المختلفة. ويعني دخول المرأة إلى هذه المجالس مشاركة في اتخاذ القرارات المتعلقة لشؤون المجتمع الخدمية . وعلى العموم , فإن مشاركة المرأة في الانتخابات كمرشحة هو أمر في غاية الأهمية للنساء حتى ولو لم يحالف الحظ كافة المرشحات, حيث أن هذه المشاركة ستعزز الوعي بين النساء بقضايا المجتمع ومحاولتهن المساهمة في القرارات المتعلقة بهذه القضايا ,ولكن طموحنا وأملنا أن ترتفع هذه النسبة ايمانا بمبدأ تكافؤ الفرص.

و بالرغم من حصول النساء إجمالا على النسبة المطلوبة في مجالس المحافظات وهي 25%
إلا أنها كانت متفاوتة من محافظة إلى أخرى. وإن مفوضية الانتخابات عملت على «تحقيق الكوتا على
مستوى جميع المحافظات وليس على مستوى كل محافظة فهناك محافظات نسبة تمثيل المرأة فيها أكثر
من 30% وحصلت النساء على مقاعد في المجالس المحلية رغم عدم حصولهن على العدد الكافي من
الأصوات وذلك بسبب فرض نظام الكوتا، الأمر الذي حرم الكثير من الرجال من مقاعدهم، وهناك من
يقول إن المرأة تأخذ مقعد رجل فائز، نعم هي أخذت موقعه لأنها لم تحصل إلا على أصوات قليلة،
لكن هذا ضروري لردم الفجوة وسد النقص الحاصل في مشاركة المرأة، وهو قانون دولي ولولا الكوتا
فلن تصعد سوى امرأة أو اثنتين والسبب طريقة تعاطي المجتمع مع الانتخابات وعدم تحقيق القاسم
الانتخابي المشترك». وعن النتائج التي حصلت عليها المرأة والتي أدرجت ضمن تقرير أعدته المنظمة،
انه في محافظة بغداد جاءت حصة النساء 28%، وكانت أعلى الأصوات لامرأة قد بلغت 9286 صوتا
واقلها 584. أما في محافظة نينوى فبلغت النسبة 30,5%، وأعلى الأصوات 7 آلاف واقلها 121 صوتا. وفي
محافظة ديالى كانت 27,8% وأعلى الأصوات 1444 واقلها 321 صوتا. وفي الانبار 24% وأعلى الأصوات
1137 واقلها 176، أما في بابل فقد كانت 26,6% وأعلى الأصوات 738 واقلها 273، وفي كربلاء 29,6%
وأعلى الأصوات 632 واقلها 65 صوتا فقط، وفي محافظة واسط 32,1% وأعلى الأصوات 804 واقلها223،
وفي صلاح الدين 14% أعلى الأصوات 525 واقلها 338، وفي النجف 25% أعلى الأصوات 1065 واقلها
328، وفي القادسية 21% وأعلى الأصوات 1887 واقلها 404، والمثنى 15% أعلاها 1518 واقلها 414،
وذي قار 25,8% أعلاها 3506 واقلها 474، وميسان 25,9% وأعلى الأصوات 843 واقلها 318، أما البصرة
فكانت النسبة المتحققة 20% فقط وأعلى الأصوات 942 واقلها 593.

انتخابات البرلمان، ومرة أخرى لم تكن هناك امرأة واحدة بين نواب رؤساء المجالس أو رؤساء
اللجان باستثناء كردستان. ومازالت الانتقادات بعد الانتخابات قائمة حتى الآن. وترى عدد من
الناشطات بأنه بالرغم من حصول المرأة على أكثر

من 25% من مقاعد البرلمان فأن عددا كبيراً من هؤلاء النساء أعضاء في التحالف الشيعي الحاكم ويعكسنّ أراء محافظة حول دور المرأة تتعارض مع المساواة في النوع الاجتماعي والتحقيق الكامل لحقوق المرأة وفي الغالب لا يكون لهن آراءهن الخاصة كذلك،ما تزال المرأة غائبة عن المواقع القيادية في البرلمان والأحزاب السياسية، حيث لا تقود المرأة أي حزب سياسي أو قائمة ائتلاف.حيث يضم البرلمان أيضا 23لجنة لا ترأس المرأة منها إلا لجنتين لجنة شؤون المرأة والطفل والأسرة ولجنة المجتمع المدني.

المشكلة التي نواجهها ألان هي إلى حد ما بسبب عدم بذل أي مجهود في هذا الموضوع في المراحل الأولى من النظام الجديد، ولم يكن هناك دفع لمشاركة المرأة في سلطة الائتلاف المؤقتة أو قانون إدارة الدولة المؤقت.إذا كان مجلس الحكم المؤقت قد حدد تمثيل نسبي للمرأة في الفرع التنفيذي للحكومة كان هذا مهدّ الطريق. .

إذا من اجل ضمان مشاركة حقيقية ونوعية للمرأة علينا أن نتضافر معاً من اجل المزيد من حملات التوعية العامة وخصوصا تلك التي تتعامل مع العادات الثقافية والدينية التي تحد من مشاركة المرأة،كذلك حث منظمات المجتمع المدني على ضرورة اعتماد آليات عمل تساهم في التغيير الجذري وتجعل من المرأة قادرةً على أعطاء رأيها بعيداً عن أي تأثيرات مهما كانت من اجل تمكينها في الوصول وتبوء مواقع قيادية تتناسب وإمكانياتها وطاقتها لتساهم في عملية البناء والتطور التي نحلم بتحقيقها في العراق اليوم.

ان العمل جارٍ من قبل التجمعات والمنظمات النسوية لتحويلها إلى واقع ملموس، لكن جميع القياديات يبدون متفقين على إن الأمر يحتاج لوقت ليس بالقليل.

الانتخابات النيابية وضعت هذا السؤال ماذا لو نزلت المرأة بقائمة واحدة مستقلة عن الرجل
للانتخابات هل ستحظى بتأييد النساء أم أنها ستنتظر تأييد الرجال.هل يمكن أن نفسر عزوف المرأة عن
هذا الخيار بإحساسها (المزمن) بأنها تابعة للرجل وجزء منه، وان الرجل هو الذي يعطيها شهادة الفوز
أو الفشل.

كانت هناك امرأة في محافظة القادسية نزلت وحدها بقائمة و كانت ترجو التفاف النساء
حولها لكن النتيجة أعطت هذه المرأة انطباعاً بأنها لابد أن تسترضي الرجل.

المنظمات النسائية ودورها في تنمية المجتمع

لا تزال مشاركة المرأة في المنظمات والجمعيات غير الحكومية التي تعنى بالحياة العامة
والسياسية ضعيفة وتتركز في المؤسسات التي تعنى بشؤون المرأة أو ذات الطابع الخيري.

وكانت توجهت المنظمات النسائية بأهدافها لخدمة قضايا التنمية بشكل عام و قضايا المرأة
على وجه الخصوص, وبإشراف في تنفيذ برامجها الموجهة لمواجهة أكبر معيقات التنمية والتي تمثلت في
مكافحة الأمية في صفوف النساء وتحسين المستوى المعيشي للفئات الأقل حظا، وفي أدناه برامج
المنظمات النسائية ومشاريعها التي يمكن تصنيفها في الحقول الآتية:

- حقوق المرأة في كافة المجالات الاجتماعية والاقتصادية والسياسية

- رعاية المعاقين و المسنين

- التأهيل و التدريب وقضايا المرأة

- الأغراض التربوية والتعليمية

- الطفولة

- تنظيم الأسرة

و تعكس هذه البرامج في المنظمات النسائية عدة أمور،أهمها أن الفئات المستهدفة من
هذه البرامج تشمل معظم الفئات الاجتماعية وهذا يؤكد خصوصية

الرسالة التي تؤديها المنظمات هي الجانب الاجتماعي والتربوي , وثانيها شمول أنشطة المنظمات النسائية لنوعين من البرامج:

1. القائم على الخدمات الفردية والتي تسهم نسبيا على حل مشاكل اجتماعية لتحسين المستوى الاقتصادي

2. البرامج القائمة على خلق وعي يقوم أساسا على مفاهيم التمكين وحقوق المرأة و التنمية

لذا يتوجب على الجميع وبالأخص المنظمات النسائية إن تضطلع بدور هام والانتقال من خصوصية البرامج إلى الشمولية. وعلى المنظمات إن تتبنى الدورالكامل في تقدم المرأة للمشاركة في الخطط الإدارية ومواقع صنع القرار وذلك استجابة لاحتياجات التطور وفق رؤية الحقوق التي تساوي بينها والرجل، كما تتحمل دورا كبيرا في نشر ثقافة الديمقراطية و حقوق الإنسان وخصوصا حقوق المرأة والطفل باعتبار حقوق المرأة جزء لا يتجزأ من حقوق الإنسان, وتوعية الأطراف الاجتماعية بأن الديمقراطية والإدارة الجيدة لا يمكن أن تتحقق في غياب المرأة عن الفضاءات السياسية.

ولا بد أن نؤكد أن علاقة التعاون والشراكة بين المنظمات النسائية تهدف إلى تقويتها وتعزيز دورها بتنفيذ برامجها بشكل تشاركي والعمل على إدخال تعديلات على القوانين و أنجاز جميع البنود التي تحتاج إلى تعديل كما كان لها دور كبير في إدخال التوجه نحو نسبة تمثيل المرأة على أساس النوع الاجتماعي.

المرأة والنقابات المهنية

بينت دراسة حول المرأة والنقابات المهنية أنه بالرغم من ارتفاع نسبة المنتسبات في عدد من النقابات, إلا أن مساهمة المرأة في قيادة العمل النقابي ما زالت متدنية نسبيا. هذا بالإضافة إلى معاناتها داخل الأسرة والضغوطات الاجتماعية الأخرى التي تؤثر بشكل كبير على فاعلية المرأة ومشاركتها الكاملة في عملها النقابي وارتقائها في المناصب القيادية فيها.

جدول يبين نسبة المشاركة في الحياة السياسية من النساء في العراق

المؤشر	السنة	ذكور	إناث	العدد الكلي
نسبة التمثيل في مجلس الحكم العراقي	2003	22	3	25
نسبة المشاركة كوزيرة في وزارات مجلس الحكم	2003	24	1	25
نسبة المشاركة في المجالس	2005			
حكومة علاوي	2004	29	7	36
اعضاء الجمعية الوطنية	2004	185	90	275
حكومة الجعفري	2005	29	6	31
مجالس المحافظات 2005	2005	538	210	784
مجلس النواب 2006	2006	208	71	275
مجالس المحافظات 2009 والنواحي	2009	337	103	440

■ أسماء المشاركات بالعملية السياسية من 2003- ولغاية 2009

مجلس الحكم لسنة 2003

رجاء حبيب خزاعي

سونكول جبوك

عقيلة الهاشمي

وزراء مجلس الحكم لسنة 2003

نسرين مصطفى صادق

■ **حكومة علاوي 2004**

نائب رئيس الجمهورية: روز نوري شاوس

وزارة الري: سوسن علي الشريف

وزارة البيئة مشكاة مؤمن

وزارة الأشغال العامة نسرين مصطفى برواري

وزارة العمل والشؤون الاجتماعية ليلى عبد اللطيف

وزارة الدولة لشؤون نرمين عثمان

وزارة الهجرة والمهجرين باسكال ايشو وردة

- **حكومة الجعفري** 2005

وزارة الاتصالات/ الدكتورة جوان فؤاد معصوم:

وزارة العلوم والتكنلوجيا/ السيدة باسمة يوسف بطرس:

وزارة المهجرين والمهاجرين/ السيدة سهيلة عبد جعفر الكينياني- :

وزارة البيئة/ السيدة نرمين عثمان:

وزارة البلديات والأشغال العامة/ السيدة نسرين برواري

وزارة الدولة لشؤون المرأة الدكتورة أزهار عبد الكريم الشيخلي

- **حكومة المالكي 2006**

وزيرة حقوق الإنسان: وجدان ميخائيل

وزيرة البيئة: نرمين عثمان

وزيرة الدولة لشؤون المراة: فاتن عبد الرحمن محمود وتم استبدالها د. نوال السامرائ

- **اعضاء الجمعية الانتقالية العراقية 2005**

الاء نوري رشيد

ابتسام منخي عبد

اديبة موسى شهد

ازهار رمضان عبد الرحيم

اسماء ابراهيم كيطان شبوط

اسماء طعمة مهدي

اسماء عبد الـلـه صالح

امال علي محمد رضا

امال موسى حسين

امل انور عارف

اميرة كاظم جواد

انتصار بكر صالح

انتصار حسن محمد

انتصار يوسف احمد

انعام علي محمد

انهار محمد سعيد

انور احمد الياور

ايمان خليل شعلان

باسمة حسن علي

باسمة لؤي حسون

باكزة مصطفى احمد

بتول قاسم ناصر

بلقيس كولي محمد

بيمان محمد خضر

التفات عبد السادة مهدي الفتلاوي

ثورة جواد كاظم

جاكلين قوسين زومايا

جنان جاسم محمد علي

حمدية احمد نجف

حنان سعيد محسن

خديجة جابر محمد

دانه مصطفى محمد

ديبروزة كاكا حمة امار

ربيعة محمد حبيب

رجاء حبيب ظاهر

رشدة خزعل فاضل

رغد هادي عدنان

روز نوري صديق

روز يزده عبد القادر

زهراء عباس حسن

زهرة حاصي طه

زينب ناصر حسين

سلار عصمت سعيد

ساميه احمد علي

سامية عزيز خسرو

سعاد حميد لفته

سلامة حسون عبد اللـه

سهام شنون عبد اللـه

سهام كاظم سلمان

سوريا عبد الكاظم عباس

سوسن علي ماجد

سميرة جعفر علي
شذى موسى صادق
شيلان خسرو توفيق
عالية نصيف جاسم
عامرة محمد حسين
عايدة احمد دخيل

عقيلة عبدالحسين سعيد

عواطف كنوش المصطفى

غفران عبود حسين

فائزة حسين محمد

فيحاء زين العابدين حسن

قسمة هادي بهرام

كامران خيري سعيد

كريمه كاظم جاسم

كميلا ابراهيم احمد

كورده احمد تقى

كوكب محمود على

لميعه عبد خديوي

مريم طالب مجيد

معزز عبدالهادي حسن

منى نور حسن

مياده جاسم محمد

ناجحه عبد الامير عبد الكريم

نازلين حسين فيض الله

نثول امين حسين

ندى عبد الله جاسم

نركز محمد امين

نرمين صديق معروف

نسرين مصطفى صديق

نضال حسين جريو

نظميه عبد عبد الله

نوال جواد شكر

نوال حسين درويش

هناء تركي عبد الطائي

هيبت عباس محمد

هيفاء خشن عزاوي

وجدان خليل رستم

وجدان ميخائيل سالم

وداد حمه غريب فرج

نتائج انتخابات مجالس محافظات لسنة 2005

■ محافظة ديالى

1-امل شكر طيب

2-كولباخ فيض الله شاهين

3-جميلة نجم عبد الله

4-سعاد عبيد جعفر

5-سجى قدوري عزيز

6-احلام عبد عباس محمد

7-سلمى جاسم محمد

8-منى صالح مهدي

9-شيماء عبدالقادر احمد

10-فائزة سعيد علوان

11-الهام نامق خورشيد

12-اسماء حميد وسيدي

13- دلسوز احمد محمد

■ محافظة دهوك

1-خديجة عبدالخالق علي

2-دلخاز مصطفى جاسم

3-منى عبدالحميد ياسين

4-اسيا علي حسن

5-امنه احمد عبدالله

6-زيان عمر يوسف

7-شاميرام مشو زيرو

8-دلشاد مصطفى مؤمن

9-فيان رمضان سعدالله

10-ذيرة عمر محمد

11-كوفار انور ميرزا

12-مانوش سحباط افو

■ محافظة اربيل

1-شلير مصطفى رسول

2-مريدان علي عثمان

3-بخشان كمال صالح

4-اسمهان جلال احمد

5-شهلا سمكو فرج

6-تريسكة احسان ياسين

7-سناء يعقوب فلو

8-سعاد احمد عثمان

9-كوردستان اسعد بابير

10-لامعة رشيد قادر

12-كافية عثمان سعيد

13-جوان شهاب نجيم

14-نريمان عبدالقادر ابراهيم

- **محافظة ميسان**

1-سعاد عبدالحسين منصور

2-ميسلون فاخر عويد

3-ذكريات جاسب كريم

4-عالية خلف حمادي

5-جليلة عبدالزهرة ضمد

6-نضال جاسم وحيد

7-اسراء عداي حسن

8-الاء عبدالحسين محسن

9-علية حسين كاظم

10-بشرى مهدي علي

- **محافظة السليمانية**

1-ريزان اسماعيل ابراهيم

2-نه رمين علي اسماعيل

3-به هار حمه مشرف حمه

4-شه هلا فه يزولا غه ريب

5-كنير عبد الله حم عه زيز

6-ناشتي حم احمد

7-سوز عبدالقادر عه والرحمان

8-روناك محمود علي

9-سعاد اسماعيل محمد

10-شاناز احمد رشيد

11-قدم خير عبد الله محمود

12-بهرى جلال سامح

- **محافظة كركوك**

1-زاله يونس احمد

2-تركان شكر ايوب

3-رملة حميد احمد

4-بروين محمد امين علي

5-كلاويش عبدالجبار مجيد

6-سلفانا بويا ناصر

7-جوان حسن عارف

8-نسرين خالد وهاب

9-ساهرة سيف نوري

10-الماس فاضل كمال

11-ليلى محمد خضر

- **محافظة بغداد**

1- بلقيس محمد جواد

2-فاطمه حسان محمد

3-ابتسام عزيز علي

4-ولاء محمدحسين علي

5-زينب حسين حسين

6-انعام حميد حسن

7-فاطمه حسن عبد الرسول

8-خوله حسن يونس

9-شذى هاشم رستم

10-انعام صالح سريان

11-هناء محمد ركبان

12-ايمان سراج داود

13-امال عباس مشرهان

14-خديجه رسن نعمة

■ **محافظة بابل**

1-سهيلة عباس حمزة

2-ابتسام محمد عزيز

3-عالية على حسين

4-رضيه حلب فاخر

5-رغد موسى عبد الحسين

6-مقبوله جواد تايه

7-رجاء ناجى كاظم

8-ذكرى صالح علوان

9-حنان هاشم مطلوب

10-جنان كامل بدر

11-اميرة عبد سلمان

12-سعديه نجم عبد

■ **محافظة الانبار**

1-امنه على حاجم

2-نازك اسماعيل حسن

3-نادرة عايف حبيب

4-سميرة على عبدلى

5-عفاف عبدالرزاق جبير

6-نازك صبيح محمد

7-نهال رشيد محسن

8-رابعه جميل قدو

9-سناء شعبان صبار

10-خنساء محمد مخلف

11-امينه احمد صبار

12-رقيه عبد الستار عبد الرحمن

13-منال جميل عبد الجبار

■ **محافظة البصرة**

1-ابتسام مفتن عجيل

2-فاطمه على جبر

3-جنان عبد الجبار ياسين

4-هيفاء مجلى جعفر

5-سكنه فلك رحيمه

6-بلسم جعفر على

7-امنه حسين يونس

8-اسراء عبد العالى عبد الوهاب

9-هيفاء حسن عبد الرزاق

10-كريمه حسن حسين

11-انوار مدلل شبر

12-هاشميه حسن عمارة

14-هاجر سالم عيسى

■ **محافظة كربلاء**

1-ازهار على حسن

2-خديجه فاضل حسين

3-سكينه حسين سيلاوى

4-اقبال حسين لطيف

5-لمياء حسين لطيف

6-ميسون احمد عبد الجليل

7-بشرى حسن عاشور

8-مائدة عبود جاسم

■ محافظة المثنى

1-بلقيس نعمه عبد الحسين

2-وفاء فاضل عبد الحسين

3-منى حسين عبد على

4-سناء عبدعلى هادى

5-بشرى عبد جايد

6-ابتسام هاشم سعد

7-غفوان جبير نعيم

8-زينب شاكر صالح

9-سيرين حسين كاظم

10-بدور زاهى جعفر

11-ايمان ناصر جاسم

■ محافظة النجف

1-سوسن فرحان صادق

2-بتول فاروق محمد على

3-اميرة على متعب

4-خالدة مهدى على

5-سناء محمد حميد

6-ماجدة هادى عطية

7-نوال حسين محسن

8-فاتن خوام صاحب

9-سهيله سعد غنى

10-ناهضه عبد الجبار مصطفى

11-باسمه عبد الامير عبد اللـه

- **محافظة نينوى**

1-شيلان صباح فقى

2-فاطمه حسين على

3-كوثر صالح مصطفى

4-نافعه نافع عزيز

5-امنه محمود اسماعيل

6-اشواق غانم صالح

7-فيان احمد نصر الدين

8-هيام يونس كريم

9-نجلاء حنا رووؤف

10-سمر يحيى محمد

11-نجله على الفت

- **محافظة صلاح الدين**

1-خالدة توفيق احمد

2-نازة محمد رحيم

3-عواطف صالح محمود

4-انتصار عباس رضا

5-ساهرة عبد الامير مهدى

6-سهاد فاضل حميد

7-شاهه دحام عبد اللـه

8-رسميه محل غربي

9-وحيدة عبد المحسن محمد

10-زحل عزيز حبيب

- ■ محافظة القادسيه

1-سوسن عبد الواحد سلمان

2-احلام محمد جابر

3-شيماء محسن عبد

4-كميله كاظم محمد

5-فيحاء نزار صالح

6-شذى حسن على

7-شذاء حميد ليلو

8-هيفاء رهيو فضل

9-سعاد ياسر سلمان

10-عظيمه عبد دهش

11-خوله محسن جبر

- ■ محافظة ذى قار

1-ايمان حميد على

2-منى حسن مهدى

3-هاله عبد الغنى شكر

4-ازهار شعلان خلف

5-نداء عبد العالى صالح

6-لمى فالح عبد العالى

7-نوال هويدي خلف

8-كلثوم عامر شخير

9-امل عطيه عبد

- ■ محافظة واسط

1-ايمان جلال محمد

2-اخلاص فليح حسن

3-سلوى محمد احمد

4-نداء محسن كاظم

5-سميرة كاظم مكى

6-اخلاص مجيد حميد

7-عفراء جميل عباس

8-بركان جاسم محمد

9-نداء جابر صخى

10-مريم عمران عبيد

11-رباب عبد العباس هريس

12-امل عبد الحسن ياسين

نتائج الانتخابات مجلس النواب العراقي 2006

■ **قائمة الائتلاف العراقي الموحد:**

1 - اديبة موسي شهد،

2 - اقبال خليل غن

3 - اميرة جاسم خلف

4 - انتصار جاسم محمد رضا

5 - ايمان حميد علي،

6 - ايمان خليل شعلان

7 - ايمان جلال محمد

8 - باسمة عزيز ناصر،

9 - بشرى جبار بدن

10 - بلقيس كولي محمد ،

11 - جنان عبد الجبار ياسين،

12 - جنان جاسم محمد علي كاظم،

13- رائدة فريني باوي

14- زكية اسماعيل حقي

15- زهراء عباس حسن

16- زينب كريم الجبوري

17 - سميرة جعفر الموسوي

18 - سهام كاظم سلمان

19 - شذى موسى صادق

20- عابدة احمد دخيل

21- عالية حمزة دويج

22- اجراء فيصل عودة

23- عامرة محمد حسن

24- عديلة حمود حسين

25- غفران عبود حسين

26- فتحيه عبد الحليم عبد الكريم

27- كميلة كاظم محمد

28 - لقاء جعفر منتظر

29- لمياء نعيمة داود

30- ليلى ثامر فاخر

31- ماجدة حسين دشر

32- منى نور حسن،

33- مني حسين عبد علي

34- مها عادل مهدي

35 - ناجحة عبد الامير عبد الكريم

36- ندى عبد الله جاسم

37- نضال طعان عباس

38 - هناء تركي عبد

39- هيفاء مجلي جعفر

■ **قائمة التحالف الكردستاني**

40- احلام اسعد محمد

41- الا تحسين حبيب

42- اسيا احمد خالد

43- تانيا طلعت محمد

44- درخشان محمد افندى

45- رابحة حمد عبدالله

46- زيان انور رشيد

47- سامية عزيز محمد

48 - سوزان محمد محمد امين

49- فيان صديق مصطفي

50- كاميليا ابراهيم احمد

51- كيان كامل حسن

52- ليلي محمد قهرمان،

54- ليلي علي كرم،

55- نازنين حسين فيض الله

- جبهة التوافق العراقية

56 - ازهار عبد المجيد حسين

57- اسماء عدنان محمد

58- اسماء عبد الله صالح

59- الاء عبد الله حمود

60- امل سهام حامد

61-امنه غضبان مبارك

62- تيسير ناجح عواد

63-رجاء حمدون عبد الـلـه

64- شذى منذر عبد الرزاق

65-نادرة عايف حبيب

66- نوال مجيد حميد

■ **القائمة العراقية الوطنية**

67- صفيه طالب على

68- عائده شريف توفيق

69- عاليه نصيف جاسم

70- ميسون سالم فاروق

■ **الجبهة العراقيه للحوار الوطنى**

71-ندى محمد ابراهيم

اسماء الفائزين بعضوية مجلس محافظة 2009

■ **محافظة الانبار**

1-ابتسام محمد درب خلف

2-ايمان موسى حمادى عبطان

3-رابعه محمد نايل خلف

4- رفاه ياسين خليل ابراهيم

5- فاطمه خلف صالح جاسم

6-نهله جبار خليفه محسن

7- نهله حمد عبد صالح

■ **محافظة بابل**

8- احلام راشد حمزه عبيد

9- امل على سلومى ناصر

10- اميرة عبيد سلمان عبود

11- سكينه عزيز عباس سوادى

12- سهيله عباس حمزه حسين

13- سهيله عبد الرضا حميد بدن

14- فوزيه محسن كاظم شلاش

15- مائده كاظم حمزه هزام

16- نعمه جاسم حمزه جربوع

- **محافظه البصرة**

17-بسمه داخل عبد الزهره عبد الحسين

18-بشرى زيبك مهوس حسن

19-زهره حمزه على حسن

20-سكنه فلك رحيمه حسان

21-عواطف نعمه ناهى صخير

22-فرات محسن سعيد مرزوق

23-ماجدة كاظم نعمه حسن

24-ناطقه ثامر شياع جبر

- **محافظة بغداد**

25-امل محمد على احمد صالح

26-انوار على فكرى حسن

27-ايمان جواد هادى امين

28-باسمه عبد الامير حسين على

29-بشرى عبد الامير عبد الكريم

30-تغريد صالح عبد الهادى عبد المجيد

31-سهير غازى ناجى محمد

32-عائشه غزال مهدى مضعن

33-فهيمه سلمان داود موحان

34-كريمه عبد الحسين عباس على

35-كريمه موسى مجيد عبدى

36-منال جابر حسن جبار

37-مهديه عبد حسن شانى

38-نسرين هادى جواد كاظم

39-نوال صادق تقى مهدى

40-وحده محمود فهد عبد

عدد النساء 16

■ محافظة ديالى

41-ازهار حميد مجيد بريسم

42- ايمان عبد الوهاب محمود منصور

43- بتول احمد حسين جاسم

44- زينب حسونى صقر احمد

45- سهاد اسماعيل عبد الرحيم صالح

46- شيماء محمد امين محمود

47- نسرين بهجت محمد صالح

عددالنساء 7

■ محافظة ذي قار

48- اجيال كريم سلمان محى

49- حميده على جابر تميم

50- دلال كامل برهان لطيف

51- منى حسن مهدى على

52-ميرفت جبار سبتى عباس

53- نوال جمعه ونان شريده

54- هاله عبد الغنى شكر حسين

55- وفاق ناصر سعدون حسين

عدد النساء 8

■ محافظه صلاح الدين

56-عديله خلف عليوى حياوى

57-فاتن عبد القادر لطيف عبد

58-كفاء فرحان حسين على

59-نجاة جمعه عزيز عيسى

عدد النساء 4

■ محافظة القادسيه

60-احلام فاضل فرهود محمد

61-انتصار هادى جعفر على

62-حميده جاسم عيسى ابراهيم

63-زينب حمزه عبيد ادعيبج

64-هدى حمود هادى محسن

عدد النساء 5

■ محافظة كربلاء

65-ابتهاج خضير عباس خضير

66-افتخار عباس هادى حسين

67-امال الدين مجبد حميد كاظم

68-بشرى حسن عاشور هيجل

69-بلقيس موسى علوان محسن

70-سليمه سلطان نور عباس
71-سهيله شنو عذاب جبر
72-مائدة عباس مجهول جبر
73-فطم مهدى حسن مهدى

- ■ محافظة نينوى

74-ازهار جاسم محمد محمود

75- اشواق كمال جميل محمد

76-ثناء عبد الله عبد الوهاب عبد على

77-جميله محمد سلطان اسوادى

78-كفاح دحام حسين على

79-لمياء احمدمحمد يحيى

80-ليلى افدل نورى عمر

81-محاسن حمدون حامد حسن

82-نديمه عجان خدر احمد

83-نغم يعقوب يوسف يعقوب

- ■ محافظة واسط

84-الاء اسماعيل حميد حاجم

85-امال حسن مهدى عبود

86-حمديه عزيز على محمد

87- زينب رحيم عبد شرقى

88- ساجدة نزر محمد على حسن

89- سندس فيصل عودة بورى

90- كركانه قحطان عبد الحميد مهدى

91- مكاسب حميد محمد عباس

92- وفاء كاظم عراك صكر

- ■ محافظة المثنى

93- باسمه رحيم خضير محيسن

94- خديجه وادى ميزر عبد النبى

95- منتهى فزاع عبد حسن

96- وفاء فاضل عبد الحسن ابو خشبه

■ محافظة ميسان

97- جليله عبد الزهرة ضمد محسن

98- رقيه رحيم محسن محمد

99- فاتن محمد اكريم خضير

100- فاطمه جاسم محمد لعيبى

101- منتهى حسن محمد طاهر

102- نوال عبد على شونلى على

103- يسرى ناجى ضمد محسن

عدد اعضاء مجلس المحافظة 440

عدد النساء في كل مجالس المحافظة 103

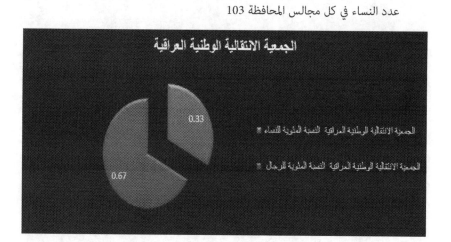

حكومة اياد علاوي
0.19
0.81
حكومة اياد علاوي النسبة المئوية للنساء
حكومة اياد علاوي النسبة المئوية للرجال

مجالس محافظات العراق 2009
0.28
0.72
مجالس محافظات العراق النسبة المئوية للنساء
مجالس محافظات العراق النسبة المئوية للرجال

مجلس الحكم المؤقت
0.12
0.88
مجلس الحكم المؤقت النسبة المئوية للنساء
مجلس الحكم المؤقت النسبة المئوية للرجال

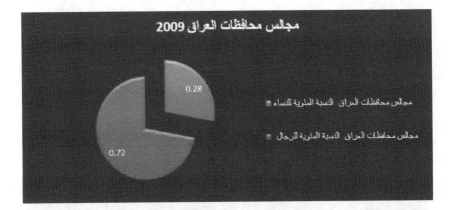

مجلس النواب 2005-2006

0.22

■ مجلس النواب 2005-2006 النسبة المئوية للنساء

■ مجلس النواب 2005-2006 النسبة المئوية للرجال

0.78

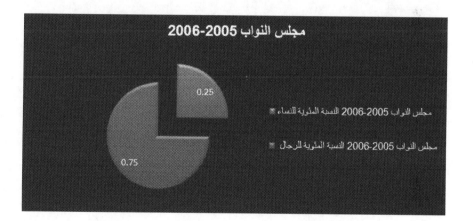

مجلس النواب 2005-2006

0.25

■ مجلس النواب 2005-2006 النسبة المئوية للنساء

■ مجلس النواب 2005-2006 النسبة المئوية للرجال

0.75

العقبات التي تواجه المرأة :

وحول العوائق التي تعيق عمل المرأة البرلمانية او السياسية في العراق من ممارسة عملها، هناك جملة من العوائق التي تقف حائلا امام عملها ونشاطها أبرزها:

● الشعارات والبرامج التي تحملها بعض القوى السياسية والتي تتعارض مع حقوق المرأة.

● الخبرة التي تفتقد إليها بعض السياسيات العراقيات المعينات من أحزاب.

● ثقافة المجتمع الذكوري السائدة في العراق كغيره من المجتمعات العربية والاقليمية وحتى الدولية، فضلا عن العادات والتقاليد التي نشأ عليها المجتمع".

- كذلك العوامل التي لعبت دور في إعاقة المرأة عن ممارسة دورها في العمل السياسي وعدم وجود برامج التثقيف السياسي

- ونظرة الرجل إلى مشاركة المرأة في السياسة بحيث يقف بوجه تقدمها في هذا المجال فكثير من النساء يملكن القابلية ولكن رفض الزوج أو الأهل يمنعها من خوض الحياة السياسية

- بالإضافة إلى الخوف حيث يستهدف العاملون في الحقل السياسي فيكون الخوف على المرأة من هذه العواقب هو السبب الأول في منع الأهل.

وقد أجمعت الكثير من الناشطات في هذا المجال على إن النساء حالياً يتعرضن لتهديدات على حياتهن نتيجة المشاركة السياسية.وهناك أمثلة عديدة لناشطات تعرضن للخطف والقتل والتهديد وتفجير المنازل الخ من الأساليب ناهيك عن العادات الثقافية والأمية.

لقد تعزز الوضع القانوني للمرأة العراقية في السنوات الأخيرة، ولكن لابد من بذل المزيد في هذا المجال وخصوصاً في مجال قانون الأحوال المدنية، قانون الجنسية، و قانون العقوبات، حيث لا زالت هنالك حاجة للبحث عن أسس المساواة والعدالة الإقتصادية، فالمرأة مازالت متضررة ومحرومة، وأيضاً على هامش الحياة السياسية.

ولاتزال نظرة المجتمع العراقي للمرأة تقليدية بالرغم من جميع سمات الحياة الحديثة والعصرية، فمازالت السياسة والمناصب السيادية تعتبر من حق الرجال، وللأسف هذا الإعتقاد يأتي من قبل بعض النساء أنفسهن، وفي ضوء الأنظمة السائدة فإن فرص المرأة في التنافس في السباق السياسي (الأنتخابات البرلمانية) وفي الفوز لازالت ضئيلة.

ولبحث مسألة التمكين السياسي للمرأة، يجب العمل على محورين لتحقيق هذا التمكين :

الأول قوانيين قصيرة المدى تمكن المرأة بفاعلية مثل زيادة الكوتا في البرلمان للنساء أو في مؤسسات أخرى لتحقيق تكافؤ نسبياً بين الذكور و الأناث. بالاضافة الى قانون الانتخاب.

الثاني هو فهم التمكين السياسي للمرأة كعملية تضم المجتمع ككل وليس النساء كفئة معزولة عن المجتمع و من خلال وضع إستراتيجية طويلة المدى لتمكين المرأة سياسياً وتمكين المجتمع ككل لإزالة اللامبالاة السياسية والتي تؤثر على كل من الرجل والمرأة، وفي النهاية التمعن في بعض المهارات التي تحتاجها المرأة لتصبح مرشحة فاعلة في الحملات الإنتخابية.

المراة العراقية تحت الاحتلال

بقلم: د. مثال صبري

ست سنوات مضت على العدوان والاحتلال الأمريكي للعراق عانى خلالها العراقيون من محنة ارتبطت بوجودهم وهويتهم ومستقبلهم.إن بشاعة الحرب ضد العراق بلغت حدا يفوق الوصف فالقتل بدون قيود وقواعد الاشتباك متحررة من كل قيد ومحاصرة المدن وقصف الأحياء السكنية وتهديم الدور على ساكنيها والأبشع استخدام الأسلحة المحرمة دوليا (القنابل العنقودية والذخائر التي تحتوي على اليورانيوم والفسفور الأبيض ...الخ) وحين قدرت إحدى مراكز البحوث الأمريكية عدد القتلى العراقيين بـ(650,000)قتيل رفض كل من الاحتلال الأمريكي والحكومة هذا التقدير باعتباره مبالغ فيه إلا أن هذا لا ينفي أن طاحونة الموت مستمرة بطحن المزيد وربما يأتي يوم يكون مثل هذا التقدير متواضع.

إن تدمير الدولة وقدراتها وتخريب مؤسساتها التي بنوها منذ عقود طويلة أنتجت فوضى سببت تمزق العلاقات الاجتماعية والاقتصادية والثقافية, وهو ما سهل تمزيق الشعب العراقي وإدخاله في نفق مظلم أرجعت العراق إلى ما قبل تأسيس

الدولة العراقية الحديثة ،والمرأة مع الطفل هي الشريحة الأكثر هشاشة في حصاد الفواجع.

ان المراة العراقية تتعرض تحت الاحتلال لأسوأ وضع منذ نشوء الدولة العراقية وهي التي تمثل اكثر من نصف سكان العراق ،حيث بلغ عدد السكان الاناث في العراق حسب اخر تعداد اجري في عام 1997 (11077219) تشكل نسبة 50،3%من مجموع السكان البالغ (22017983) نسمة[1].وفي عام 2003 بلغ حجم السكان الكلي وبحسب الاسقاطات السكانية[2] (26340227) نسمة منهم (13124557)انثى بنسبة 49,8%.

وقد أشارت المنظمة الدولية إلى واقع المرأة العراقية قبل الاحتلال في معرض مقارنتها بين ماكانت عليه قبل الاحتلال ومآلت اليه اوضاعها من تدهور على كافة الصعد (حققت المرأة العراقية اشواطا في تبوء مراكز سياسية واجتماعية متقدمة والوصول الى درجات عليا في العلم والعمل بفضل جهودها وبفضل وجود قوانين تنطوي على درجة كبيرة من المساواة)[3]. ان بيئة الحرب والاحتلال خصبة لانتهاكات القواعد الآمرة لاتفاقيات حقوق الإنسان في العراق وهذا ما تؤكد عليه الاتفاقية الدولية للقضاء على التمييز ضد المرأة التي صادق عليها العراق منذ عام 1986التي تنص في ديباجتها (على ضرورة استئصال شأفة الفصل العنصري وجميع أشكال العنصرية والتمييز العنصري والاستعمار الجديد ,والعدوان والاحتلال اذ ان ذلك أساس في تمتع الرجال والنساء بحقوقهم تمتعا كاملا ،أن الاتفاقية تؤكد أن حرية الأوطان لازمة وشرط لحرية المرأة ولحرية الرجل. كانت إحدى مسوغات

1 - الجهاز المركزي للاحصاء ،نتائج التعداد العام للسكان لعام 1997.

2 - الجهاز المركزي الاحصاء ،اسقاطات سكان العراق للسنوات (1998-2005) بعداد ،تقرير رقم 2 ،ص 217.

3 - الامم المتحدة، المجلس الاقتصادي والاجتماعي ،اللجنه الاقتصادية والاجتماعية لغربي آسيا (الاسكوا)،اجتماع الخبراء نحو تنمية المرأة العربية في ظل الحروب والنزاعات المسلحة ،ابو ظبي ،13/ مارس /2007.

الرئيس الأمريكي السابق جورج بوش في شن الحرب على العراق واحتلاله (انه جاء ليحرر المرأة العراقية!!)التي تدرك جيدا أن لا حرية للمرأة تحت الاحتلال وان حريتها هي سيرورة ذاتية خالصة تنبع من محيطها وذاتها فدعونا نطلع على النزر اليسير من واقع المرأة العراقية تحت (واحة ديمقراطية الاحتلال) حيث مستوى العنف الذي تعرض له الشعب العراقي بنسائه ورجاله غير مسبوق فقد رصد تقرير منظمة العفو الدولية لعام 2008[1]، أعمال قتل وانتهاكات جسيمة لحقوق الإنسان جرت على أيدي قوات الاحتلال وقوات الأمن العراقية والجماعات المسلحة والحراس الامنيون الذين يعملون لدى شركات أمنية وعسكرية خاصة .ولا توجد أرقام إجمالية عن عدد القتيلات فالكل يمتنع عن ذكر الأرقام في بلد غدت كلمة الشفافية من أكثر الكلمات المتداولة فيه. وتؤكد منظمة العفو الدولية في تقريرها انه (وبرغم مزاعم تحسن الوضع الأمني في الأشهر الأخيرة تظل أوضاع حقوق الإنسان بحجم الكارثة وارتكبت الأطراف كافة انتهاكات صارخة لحقوق الإنسان ومن ضمنها جرائم حرب وجرائم ضد الإنسانية.)

في البصرة قتلت نحو (42)امرأة وفتاة خلال الفترة من يوليو إلى سبتمبر على أيدي جماعات مسلحة وقتلت (15) امرأة في بغداد الكرخ حسب وكالة الأنباء الإنسانية (أيرين) وان عمليات استهداف المدنيين بالقصف العشوائي والمتعمد لم يستثني رجلا أو امرأة أو طفل. في 9/تشرين الأول/2006 قتلت امرأتان عراقيتان هما (مروى عواس 48 عاما وجنيفا جلال 35عاما)في حي الكرادة ببغداد عندما فتح موظفو الشركة الأمنية النار على سيارتهما وظلت الشركات الأمنية حتى مطلع هذا العام تتمتع بالحصانة من المقاضاة بفضل الأمر رقم (170)الذي أصدره بول بريمر في عام 2004 رئيس سلطة التحالف المؤقتة آنذاك.

كان التحقيق الأولي فيما تتعرض له الأسيرات المحتجزات من تعذيب واغتصاب هو ما أدى إلى فضح الصور ونشر المقالات,وقد دخلت (90) أسيرة في

---

1 - للتفاصيل ،انظر تقرير منظمة العفو الدولية عن حالة العراق (بين المجازر واليأس) 2008.

سجن أبو غريب قبل أن يطلق سراحهن (من ضمنهن زوجات أو أخوات المسؤليين في القيادة العراقية قبل الاحتلال) أو ينقلن إلى سجون أخرى بعد أن ظهرت حقائق أبو غريب. وتطلق سلطات الاحتلال تسمية المعتقل الأمني على أسرى الحرب وأسيراته في تورية مكشوفة على لوائح حقوق الإنسان وقد أوردت وكالة رويترز للإنباء أن جنود الاحتلال يقومون باعتقال زوجات من يشتبه بهم من المقاومين,وتعرضهن للتعذيب الجسدي والجنسي ومازال الحديث عن هذا الموضوع من المحرمات ولم يتسن لأحد دخول سجن أبو غريب لرصد حالة السجينات بسبب منع سلطات الاحتلال ولأي كان أو أي منظمة إنسانية أو حقوقية للسؤال عن المعتقلين.

وقد رصد المركز الدولي لرصد الاحتلال في سجن تسفيرات الرصافة (13)حالة لسجينات أمنيات. وعندما تتحدث وزارة حقوق الإنسان عن (10,000)معتقلة فإنها لا تشير إلى المعتقلات السياسيات وإنما عن المعتقلات بتهم جنائية وأخلاقية ,وأكد الأمين العام لاتحاد الأسرى والسجناء العراقيين أن هؤلاء المعتقلات محتجزات في أماكن لا تصلح لان تكون (زريبة للحيوانات)كسجن الكاظمية والمعسكر السري للأطفال والنساء في مطار المثنى ,ومعسكر شيخان للنساء في الموصل إضافة إلى الإعداد الكبيرة من السجون والمعتقلات في جنوب العراق.

وقد تعرضت المرأة العراقية للاغتصاب وتم الإعلان عن حالات محدودة لكون هذا الموضوع من المسكوت عنه في المجتمع العراقي.ومن بين أبشع جرائم القتل والاغتصاب والتي يندى لها جبين الإنسانية حادث اغتصاب الفتاة عبير قاسم حمزة ذات الأربعة عشر ربيعا التي تسكن منطقة المحمودية حيث اقتحم في 12/مارس/2006اربعة جنود اميركان منزل عائلتها وقاموا باغتصابها بعد قتل أهلها الذين كانوا نائمين (الأم والأب وأختها وأخيها) ثم قتلوها وأحرقوا جثتها .وقد حاولت لجنة من وزارة الصحة العراقية أن ترتب ما يخفف عن الجندي الأمريكي عندما ادعت أن عمرها 21 عاما فبادرت عائلتها وعرضت وثيقة ميلادها أمام وسائل الأعلام .وتحدثت امرأتين أمام شاشات التلفاز بعد بدء خطة فرض القانون بتعرضهن

للاغتصاب وهن (وجدة)من تلعفر وهي أم لـ11 ولدا التي قام أربعة جنود عراقيين باغتصابها وقد اعترفوا بالحادث وحسب منظمة العفو الدولية لم يتضح ماذا كان قد اتخذ ضدهم إي إجراء وصابرين الجنابي البالغة من العمر 20 عاما .وذكر الأمين العام لاتحاد الأسرى والسجناء العراقيين أن حوادث الاغتصاب هذه لا تمثل (1%) من حجم الجرائم المماثلة التي تتعرض لها المعتقلات العراقيات في السجون وقال أن هناك أعدادا كبيرة من المعتقلات تستمر عملية احتجازهن لا لشيء إلا لاغتصابهن رغم وجود أمر قضائي بإطلاق سراحهن ,وأضاف أن الشرطة التي تسيطر عليها المليشيات لا تمتثل للأوامر القضائية.

وقد صرحت وزيرة المرأة التي استقالت اثر تصريحاتها في شهر كانون الثاني من هذا العام ان المعتقلات العراقيات يضربن بشكل روتيني ويتعرضن للمضايقات ويغتصبن في السجون الامريكية والعراقية على حد سواء وعزت استقالتها الى الاستمرار بالتجاهل والاهمال لما يحدث للمرأة العراقية من انتهاكات. والوضع مستمر بهذا السوء حيث صرح في منتصف هذا الشهر رئيس لجنة حقوق الانسان في مجلس النواب ان هناك 4000سجينة و22 طفل حديثي الولادة وقد تعرضت العديد منهن للاغتصاب ،وان من تقدمن منهن بدعاوى ضد الذين اغتصوبهن بعد خروجهن من السجن اعيد اعتقالهن بدلا من اعتقال الجناة.

في دراسية مسحية أجرتها منظمة الصحة العالمية في العام 2007/2006 ذكرت فيها ان نسبة (21,2%)من النساء العراقيات تعرضن للعنف العائلي.

ومع اشتداد العنف وخاصة بعد عام 2005 أصبح (15%)من مجموع سكان العراق لاجئين ووفقا للمفوضية العليا لشؤون اللاجئين بات ما لا يقل عن (4) ملايين عراقي لاجئين ونازحين حيث يعيش نحو مليوني نسمة في سوريا والأردن ويعيش ما لا يقل عن (2,2) مليون نسمة كنازحين داخل العراق في أوضاع مهينه. أن المرأة هي أكثر المتضررين من الهجرة والنزوح وما ينتجه من تفكك العائلات والقضاء على شبكات الأمان والاتصال وسلخ النساء من واقعهن مع تغير نمط الحياة وأوضاعهن النفسية خاصة وان خروجهن تم بعد تعرض احد أفراد أسرهن للقتل أو تعريض المرأة

أو عائلتها للتهديد ,وتدهور وضع الأسرة والمرأة الاقتصادي في الغربة مما دفع بعضهن لممارسة البغاء آو مزاولة أعمال تحط من قيمتهن وكرامتهن الإنسانية. وحتى الذين عادوا وجدوا ان بيوتهم قد احتلت فباتوا مهجرين داخلا وأشارت المفوضية العليا لشؤون اللاجئين علنا إنها لا تعتقد أن الوقت قد حان للترويج لعمليات عودة اللاجئين آو تنظيمها آو التشجيع عليها.

ان تفكك العلاقات الاجتماعية والعائلية نتيجة للحرب ومآسيها انتجت اوضاعا شاذة وغريبة عن المجتمع العراقي حيث انتشرت تجارة الرقيق الابيض في العراق وبيع الاطفال ففي مقال بعنوان الدعارة العسكرية واستغلال النساء في عملية احتلال العراق تتحدث الباحثة الأمريكية (ديبرا مكنت) في دراسة نشرت عام 2007 في قضية التأسيس لظاهرة الدعارة في المجتمع العراقي حيث جرى منذ الايام اولى للاحتلال الامريكي فتح بؤر في المنطقة الخضراء واسهام شركات خاصة اجنبية في استقدام المومسات بصفة عاملات مطاعم وصالونات ومن ثم استقطاب نساء عراقيات من قبل ادلاء ومحترفين وتستعرض الكاتبة وسائل انتشارها وتنظيم تجارتها داخل وخارج العراق كجزء من استهداف المنظومة القيمية العراقية وتدمير النسيج الديني والاخلاقي للمجتمع.

إن الاحتلال وتداعياته السياسية سحق شروط حياة الإنسان العراقي فخضعت المرأة للارتداد إلى الوراء أفقيا وعموديا وقد شخصت منظمة الاسكوا هذا الواقع بالقول (ما يجري في العراق هو مثال على عملية التراجع الذي يحصل في حقوق المرأة مع نشوء الحروب فبعد أن حققت المرأة أشواطا في تبوؤ مراكز سياسية واجتماعية متقدمة والوصول إلى درجات عليا في العلم والعمل بفضل جهودها وبفضل قوانين تنطوي على درجة كبيرة من المساواة).

حيث تم استبدال قانون الأحوال الشخصية بالقانون رقم (137),وجرى إقرار دستور أخر للعراق يميز بين المرأة والرجل ويعطي الحرية لكل طائفة لان تضع قوانينها للأحوال الشخصية وتحذر الاسكوا من انه أمام هذه الحالة من المستحيل رصد القوانين التميزية وهذا جزء من المخطط التقسيمي للعراق وتفتيت المجتمع

فليس هناك قاسم مشترك فالحقوق الاجتماعية والضمانات للمراة تحددها مرجعيات مختلفة وهي التي تقرر حقوقها في ظل منظومات عشائرية ودينية قطعت اوصال قضية المراة واعادتها قرونا الى الوراء ومع تفاقم مشاكلها الاجتماعية فحسب احصاءات وزارة العدل الاخيرة ان هناك ثلاث حالات طلاق لكل اربع حالات زواج .إضافة إلى التراجع عن حق العمل للمرأة والرجل معا الذي ضمنه دستور 1970 وتحويله إلى منطق فرص العمل في الدستور الذي اقر بعد الاحتلال. أما واقع المجتمع العراقي ونصفه المرأة يشير في ضوء رصد المنظمات المهتمة والدراسات إلى المؤشرات التالية:

1. تقرير منظمة اوكسفام في يوليو / 2007 إلى أن نسبه (70%) من العراقيين يفتقر إلى ماء الشرب النظيف وان نسبة (43%) تعيش على اقل من دولار واحد في اليوم -ليس اقل من ثلث السكان - يحتاجون إلى مساعدات طارئة .ويشير التقرير الى مفارقة ساخرة فيؤشر ارتفاع نسبة الأطفال الذين يعانون من سوء التغذية من (19%) خلال فترة الحصار الاقتصادي (1996-2003) الى (28%) في العام 2007 (أي بعد رفع الحصار!!) وحسب تقرير اليونسيف لشهر مارس / 2007 فان نسبة وفيات الأطفال في العراق هي الأعلى عالميا وان واحد من كل ثمانية أطفال يولدون في العراق يموت قبل بلوغ السنة الخامسة من عمره.

2. إن الدراسات والمسح الذي أجرته وزارة التخطيط والتعاون الإنمائي لعام 2004 - 2005 أظهرت إن مشكله تلوث المياه تشكل سببا رئيسا للإمراض وتؤدي إلى أمراض معروفه منها الإسهال الذي يصيب الأطفال والتيفوئيد والملاريا والتدرن. اكد هذا البيان الصحفي للجنة الدولية للصليب الأحمر رقم (2008/29) في 29 / اكتوبر / 2008 حيث يشير إلى جراء نقص الرعاية الصحية وخدمات الصرف الصحي في العديد من أرجاء العراق, وان قلق اللجنة الدولية للصليب الأحمر ينصب على (40%) من العائلات الموجودة في الريف والضواحي التي لا تغطيها شبكات للمياه

.والذين يحصلون على الماء عبر شبكات المياه في بيوتهم فهم يواجهون النقص الدائم بسبب قلة صيانة شبكة المياه ويعاني نتيجة لذلك الكثير من الناس من الإمراض المنقولة عبر المياه مما يشكل عبئا أيضاً على المستشفيات والعيادات التي تعاني أصلا من نقص في الموارد ويواجه الكادر الطبي نقصا حاد في الموارد والتجهيزات ويضيف البيان ان كلفة العلاج الطبي تبقى امرأ صعبا على الكثير من الناس.

3. أصدرت المنظمة الدولية للبيئة جملة تقارير تشير إلى أن المدن العراقية قد تحولت إلى مكبات للنفايات الخطرة الناتجة عن الحرب ونظرا للإهمال والظروف الحربية المسيطرة لا يمكن إزالة هذه النفايات وترحيلها وحتى أن تم ذلك فان أثارها السلبية الخطيرة لا يمكن إزالتها وفي مقدمة هذه النفايات الخطرة الزئبق والرصاص والكادميوم والزنك والنحاس وكلها معادن ذات تاثير سام وتتراكم في الانسجه الحية وتتسرب إلى مياه الأنهار والبحيرات والبحار فتلوثها.

كما أن الكارثة البيئية التي أشار إليها العديد من الباحثين تكمن في انتشار (الكاديوم) الذي يستخدمه الأمريكان في الذخائر وخاصة القنبلة الصغيرة التي يستعملها الجيش الأمريكي في أعمال الاقتحام على التجمعات السكانية حيث تم تفجير عشرات الآلاف من هذه القنابل مما أدى إلى تفشي مرض يسمى (اتاي) بين عدد كبير من العراقيين ومن إعراضه اضطراب في العظام وفقر دم وفشل كلوي.

والتلوث الأخطر الذي شمل كل بيئة العراق اليورانيوم المنضب والذي ستبقى أثاره حسب العلماء ملايين السنين وما يعنيه من ولادات مشوهة وسرطانات تتضاعف سنويا بشكل كبير.

4. يشير تقرير اليونيسيف السنوي العالمي بان عدد الأسر التي ترأسها الإناث في العراق بلغ (11%) وهي نسبه اخذه بالازدياد بسبب العنف في العراق ففي كل يوم تترمل عشرات النساء حيث بلغ عدد اليتامى في صفوف

العراقيين منذ الاحتلال الأمريكي 4 ملايين يتيم يعيلهم 1,5 مليون امرأة. في حين أن إحصاءات منظمه الصحة العالمية (الصادرة في ابريل /2007) تشير إلى وجود مليوني امرأة و 900 ألف طفل معاق. وان مكتب المنسق الإنساني للأمم المتحدة يقول في تقريره في (ابريل/2007) ان 400 طفل يصبحون أيتاماً كل يوم في بغداد وحدها بسبب العنف

5. انخراط المرأة في عالم البطالة حيث تشكل نسبة (90%) من نسبة البطالة الكلية التي قدرت ب (75%) واكده تقرير الصليب الاحمر الدولي لهذا العام الذي اشر ان نسبة البطالة حاليا في العراق تبلغ (70%)

وقدر المسح الذي أجراه برنامج الغذاء العالمي عام 2006 إلى أن نسبه النساء العاملات حاليا من اللواتي تتراوح أعمارهن بين (16-60) سنه تبلغ (14%) فقط مقابل (86%)من الرجال.

كما ان مغادرة المنزل بحثا عن العمل يعرض المرأة وأطفالها إلى خطر محقق وبدافع اليأس اتجهت الكثير من النساء إلى المؤسسات الخيرية بحثا عن الرعاية لهن ولأطفالهن وانتشرت ظاهرة التسول بين النساء والأطفال .وهذا ما أكدته احصائيه وزارة التخطيط والتعاون الإنمائي الصادرة في (مايو/2007) حيث تشير إلى أن هناك 9 ملايين عراق يعيشون تحت خط الفقر.

6. تشير منظمة اليونيسيف في تقريرها السنوي لعام 2006 إلى تمتع العراق على مر الأجيال بنظام ممتاز وتعليم الفتيان والفتيات على حد سواء غير أن الكثير من الفتيات اليوم يواجهن مصاعب جمة للوصول إلى المدرسة في مناخ يسوده العنف والاضطهاد , وتتزايد التهديدات الموجهة لطالبات المدارس وارتفع عدد العائلات التي باتت تؤثر سلامة بناتهم على التعليم وأشار المسح الوطني الذي اجري بين عامي (2003-2004) إلى أن (600) إلف طفل في العراق لا يذهبون إلى المدارس وان (74%) من هذا العدد فتيات ويؤكد تقرير اليونيسيف الصادر (14/ ابريل /2007) ان (30%) فقط من تلاميذ

العراق يذهبون إلى المدارس.وان (40%) من النساء انقطعن عن اكمال مرحلة التعليم الثانوي او الجامعي بسبب عدم الامكانية او الوضع الامني وافتقاد الرغبة بالاستمرار.

إحصائية لوزارة الصحة العراقية تقول أن (24) إلف عراقي تعاطوا المخدرات عام 2006 وان تقارير عراقية كثيرة أكدت أن مناطق زراعة الشلب في الفرات الأوسط تحولت إلى زراعة الأفيون وكل المنظمات الدولية والإقليمية المهتمة بموضوع المخدرات تعرف أن العراق كان قبل الاحتلال من البلدان النظيفة من الإدمان على المخدرات.

ولابد من الإشارة هنا أن ميزانية العراق من أضخم الميزانيات انفق جزء كبير من المال المتوافر على الآمن بما في ذلك المؤسسات الأمنية وحجم الفساد الإداري والمالي .حيث اعتبر مؤشر الدول الفاشلة لعام2007 المنشور في (18/حزيران/2007) اعتبر العراق ثاني دولة فاشلة في العالم ضمن قائمة تتكون من (60) دولة فاشلة.

ولم يستفد من هذه المليارات ملايين الأطفال والنساء اللذين يعانون الفقر ومما زاد معاناتهم أن الحكومة خفضت في (ديسمبر/2007) مفردات البنود التي يشملها نظام الحصص الغذائية الذي بدأ العمل به في العام 1996 بموجب برنامج النفط مقابل الغذاء.

إزاء هذا الواقع المرير يبدو منح المرأة العراقية نسبة (25%) في البرلمان وكأن لا معنى لها ,فهي صورة لا تعبر عن المضمون وإلا فأين البرلمان من صور الانتهاك السافر لوجود وكرامة المرأة ومجازر الإبادة ضدها وهي ظاهرة عامة وليست حالات فردية او نماذج انتهاك خارج السياق ويتساوق ويؤكد مظهرية وجود المرأة هذا عجز منظمات المجتمع المدني التي أسست وقدم لها دعم وتمويل بملايين الدولارات (يوجد 6000 منظمة منها 2000 منظمة نسوية)عجزت عن التفاعل مع المرأة وملامسة واقعها الحقيقي والانتهاكات اليومية التي تتعرض لها بل عملت البعض منها على تزييف

قضية المرأة بالمناداة بان مشاكل المرأة العراقية تكمن في العنف الذي يمارسه الرجل ضدها. والمثير للاستغراب ان اقليم كردستان يعد من اكثر المناطق خرقا لحقوق الانسان وقدر تعلق الامر بالمرأة فان ظاهرة قتل المرأة تحت ادعاء غسل العار اخذت تتواتر هناك بشكل كبير اضافة الى مانشرته منظمة المانية مؤخرا عن وضع النساء في كردستان حيث قامت بدراسة توصلت فيها ان (98%) من بنات السليمانية في (54) قرية تعرضن للختان.

امام كل هذا منظمات المرأة منشغلة بعقد ندوات وورش عمل مع منظمات إقليمية ودولية لدعم حراك المرأة وصولا إلى السلطة التشريعية وتدريبها على فن القيادة والجندر والشفافية !!في وقت يعلو تحذير المقررة الأممية الخاصة بشؤون المرأة من التردي المضطرد لأوضاع النساء في العراق وأشارت في تقريرها المقدم بمناسبة اليوم العالمي لتحريم استخدام العنف ضد النساء حول العالم: (أن حقوق المرأة العراقية تتآكل باستمرار في كافة مناحي الحياة في حين يبقى العالم بعيدا وصامتا) مما تم عرضه عن واقع المرأة العراقية في ظل الاحتلال تقودنا الوقائع لنصل إلى حقيقة أن الاحتلال الأمريكي أسس لتراجع المرأة العراقية ونكوصها ومحى منجزاتها النوعية وحصيلة نضالاتها التي امتدت لعشرات من السنين.

المصادر والمراجع

1- خطر مشاركة المرأة للرجال، عبد العزيز بن باز.

2- ميراث المرأة وقضية المساواة، صلاح الدين سلطان.

3- المرأة بين الفقه والقانون، مصطفى السباعي.

4- المرأة والسياسة، سارة الخثلان.

5- المرأة والحقبة النفطية، فوزية رشيد.

6- المرأة والتعليم وقوة العمل، سليمان الجاسم.

7- المرأة والعمل الاجتماعي، محمد المطوع.

8- المرأة العربية في المواجهة النضالية، أحمد جابر وآخرون.

9- الحقوق السياسية للمرأة، محمد علي المنصوري.

10- السياسة التشريعية حول الأسرة والمرأة، جمعية الاجتماعيين.

11- الإسلام واتجاه المرأة المعاصر، محمد البهي.

12- النظريات السياسية في الإسلام، محمد الريس.

13- الولاية العامة للمرأة في الفقه الإسلامي، محمد القضاة.

14- مكانة المرأة، محمد البلتاجي.

15- الآمال النسائية في الخليج، عبد الله النفيسي.

16- فتاوى شرعية، حسنين مخلوف.

17- المرأة والتربية الإسلامية، محمد الأباصيري.

18- حقوق المرأة وواجباتها، فاطمة عمر ناصيف.

19- المرأة في الإسلام، علي عبد الواحد وافي.

20- تنظيم الإسلام للمجتمع، محمد ابو زهرة.

21- المرأة السعودية، منيرة الناهض.